**글 톰마소 마이오렐리**
대학에서 철학을 전공하고, 고등학교에서 역사와 철학 과목을 가르쳤어요. 2016년부터 출판사에서 일하며 다양한 책의 기획, 편집을 담당했어요. 『시간의 지도』는 톰마소 마이오렐리가 쓴 첫 책이에요.

**그림 카를라 마네아**
밀라노 만화학교에서 일러스트레이션을 공부한 뒤 아동 도서와 잡지에 그림을 그리는 일러스트레이터로 활동하고 있어요. 또한 파도바 국제만화학교에서 강사로 일하며 다양한 전시회에 참여하고 있어요.

**옮김 주효숙**
한국외대 이탈리아어과와 같은 학교 대학원을 졸업하고, 이탈리아 페루자 국립언어대학에서 이탈리아어 교사자격증을 땄으며, 한국외대에서 비교문학 박사학위를 받았어요. 지금은 한국외대에서 강의를 하고 있어요. 옮긴 책으로 『돈까밀로와 악마들』, 『돈까밀로와 작은 세상』, 『돈까밀로의 사계』, 『돈까밀로와 뽀강 사람들』, 『돈 까밀로 힘내세요』, 『고대 로마인의 24시간』 등이 있어요.

---

### 정말 아름다운 세계사
# 시간의 지도

2023년 7월 10일 초판 1쇄 인쇄
2023년 8월 10일 초판 1쇄 발행

| | |
|---|---|
| 글쓴이 | 톰마소 마이오렐리 |
| 그린이 | 카를라 마네아 |
| 옮긴이 | 주효숙 |
| 펴낸이 | 김상미, 이재민 |
| 편집 | 송미영 |
| 디자인 | 나비 |
| 펴낸곳 | (주) 너머_너머학교 |
| 주소 | 서울시 서대문구 증가로20길 3-12 1층 |
| 전화 | 02)336-5131, 335-3366, 팩스 02)335-5848 |
| 등록번호 | 제313-2009-234호 |
| ISBN | 979-11-92894-32-4  73900 |

Original title: L'atlante del tempo
Texts by Tommaso Maiorelli
Afterword by Giovanni Caprara
Illustrations by Carla Manea
Photo credits: Andy Warhol (p. 93; graphic elaboration from © Kack Mitchell / Getty Images); Frida Kahlo (cover, p. 93; graphic elaboration from © Nickolas Muray / Alamy IPA).

Cover design by Romina Ferrari
Project, ideation, editing and layout by Francesca Pellegrino
Proof reading by Paola Fabris

Copyright © 2021 by Giunti Editore S.p.A., Firenze-Milano
www.giunti.it

All rights reserved.
Korean translation copyright © 2023 by Nermerschool, Seoul
Korean translation rights arranged with GIUNTI EDITORE S.p.A. through Orange Agency

너머북스와 너머학교는 좋은 서가와 학교를 꿈꾸는 출판사입니다.

# 차례

| | |
|---|---|
| 들어가며 | 6 |
| 시간의 연대표 | 10 |
| 시간 측정과 날짜 표시 | 14 |
| 시간을 연구하는 직업 | 16 |
| 우주의 탄생 | 18 |
| 공룡의 시대 | 20 |
| 선사 시대 | 22 |

## 인류의 역사     24

| | |
|---|---|
| 메소포타미아 문명 | 30 |
| 고대 이집트 | 32 |
| 유대인과 페니키아인 | 34 |
| 페르시아 제국 | 36 |
| 고대 그리스 | 38 |
| 고대 로마 | 40 |
| 켈트족과 게르만족 | 42 |
| 중국과 인도 | 44 |
| 아메리카의 대륙의 나라들 | 46 |
| 이슬람 제국과 오스만 제국 | 48 |
| 중세 전기 | 50 |
| 바이킹 | 52 |
| 중세 후기 | 54 |
| 대항해 시대 | 56 |

인문주의와 르네상스 58
종교 개혁과 종교 전쟁 60
혁명의 시대 62
민족의 시대 64
제1차 세계 대전 66
1920년대와 1930년대 68
제2차 세계 대전 70
세계 대전 이후 72
1990년대부터 현재까지 74

# 분야별 역사 76

문학 82
스포츠 84
교통수단 86
발명품 88
건축 90
회화와 조각 92
음악 94
과학 96
사진과 영화 98

인간의 탐험과 도전, 그리고 다시 일어서는 힘 100

# 들어가며

**역사란 무엇일까요?**

역사란 무엇일까요? 과거에 대한 기억일까요? 사람들이 한 모든 일의 목록일까요?

유명한 학자가 말한 것처럼, 역사란 시간의 흐름에 따라 사라져 버린 사람들에 대해 알려 주는 학문이에요. 바로 그래요. 시간은 속을 알 수 없는 깊은 물처럼 흘러가요. 그리고 역사는 이 세찬 시간의 흐름이에요.

그 거대한 역사의 강에서 헤엄치던 사람들은 역사의 강물에 떠밀려 가기도 해요. 그 강은 때때로 갈라지기도 하고 줄어들기도 해요. 또 두 줄기 강이 나란히 흐르다가 예상치 못하게 다시 합쳐지기도 하지요.

강은 그곳에서 헤엄치는 사람들에게 영향을 주기도 하지만, 그 자체로도 절대 똑같은 강이 아니에요. 사람들 스스로 강의 흐름을 바꾸기도 해서, 종종 어디에 도달할지 모르는 채 빙 돌아 흐르기도 해요.

## 역사의 강을 '시간의 지도'로 그려요

시간의 흐름에 따른 역사 공부란 일어난 일을 순서대로 정리해 본다는 뜻이에요. 즉 역사의 어느 지점에서 어떤 사실이 발견되는지 물어보는 거예요. 역사의 흐름을 연대표로 그리고 그 위에 사건들을 연속으로 배치해 보는 건 아주 쓸모가 있어요. 우리가 방향을 잡도록 도와주는, 복잡한 시간의 흐름을 담은 지도이지요.

이 지도는 좌표 2개로 시작해요.

각각의 역사에 '언제'인지, 그 역사의 날짜, 시간, 분을 기록해요. 이게 첫 번째 좌표예요. 흐르는 강은 항상 시작과 끝이 있어요. 강의 근원지, 강의 입구, 강이 흐르는 방향, 강의 지류, 하천 굴곡과 제방으로 만들어진 강바닥이 있지요. '먼저', '다음' 그리고 '같은 때'는 역사가 '언제' 일어났는지 추적하는 데 아주 중요한 요소예요.

그리고 다른 좌표로 역사의 장소와 공간인 '어디'가 있어요. 모든 강은 장소마다 달라요. 사실 민족의 역사와 인류의 역사는 지리, 영토와 깊은 관련이 있어요. '가까운', '먼' 그리고 '같은 곳'은 역사가 '어디'에서 벌어졌는지 파악할 때 필요한 중요한 요소예요.

역사를 공부하는 사람에게 아주 요긴한 다른 좌표도 있어요. '누가'라는 좌표예요. 즉 역사의 주인공들이지요. 첫 수메르 여사제부터 잔 다르크까지, 마야족부터 유럽인까지, 나폴레옹부터 농민까지 말이에요.

'왜'라는 좌표도 있어요. 특정한 역사적 사건들이 벌어진 까닭이나 이유를 말해요.

마지막으로 '어떻게'가 있어요. 역사의 강이 어떻게 굽어 있고 어떻게 흘러가는지 알려 주는 거예요. 역사의 강에는 습지가 많은 강도 있고, 산을 감고 흐르는 강도 있어요. 좁은 강 혹은 넓은 강, 물이 많은 강 혹은 물이 없는 마른강도 있어요. 점진적으로 사회 변화가 진행될 때처럼, 강은 사람들이 알아채지 못할 정도로 조용히 흐를 수 있어요. 아니면 혁명이나 큰 전쟁처럼, 강은 마주치는 모든 걸 휩쓸어 버리며 흐르기도 해요. 강을 그린 지도 덕분에, 우리는 카누를 타고 급류를 지나듯 시간을 여행할 수 있어요.

현재라는 시간의 강물이 어떻게 먼 과거로부터 흘러왔는지 우리에게 이해시켜 주는 모험이에요.

우리는 앞서 흘러간 강물에 이끌려 왔어요. 혹은, 어느 중세 철학가가 아주 멋지게 설명했듯이, 우리는 거인의 어깨 위에 있는 난쟁이예요. 앞서 살아간 분들의 업적과 노력과 실패 덕분에 우리는 미래를 열어 갈 수 있고, 조금 더 멀리 내다볼 수 있어요.

그분들이 계셨기에 우리가 현재 역사의 주인공이에요.

## 역사의 강물이 시작되는 곳

강물이 시작되는 곳이 어디인지 알려면, 물줄기를 거슬러 뒤로 가야 해요. 사람들은 문자를 발명하면서 역사를 기록하기 시작했어요. 일부 부족에서는 작게나마 문명이 시작되었지요. 마을을 이루고 살다가, 사람들이 점점 더 늘어나면서 도시가 만들어지고, 그리고 또 무언가가 만들어졌어요. 새로운 무언가 말이에요.

메소포타미아 점토판에 적힌 쐐기 문자, 인더스 계곡에 남은 불가사의한 비문, 중국의 갑골 문자, 트란실바니아와 크레타섬에서 발견된 점토판의 문자, 이집트 서판에 새겨진 첫 지리학적 내용 등이 있어요. 사람들이 자신이 기억하는 것을 처음 기록으로 남긴 거예요. 문자가 등장하면서 역사의 주인공이 제 목소리로 자기 일을 기록하게 되었지요.

그 이전 시대에 대해서는 신을 믿고 부족장이 다스리는, 이름 모를 마을의 모습을 상상할 뿐이에요. 그 당시 무슨 일이 벌어졌는지 알려면 남겨진 해골 조각, 석기 도구, 마을 유적, 바위그림 등으로 추측할 수밖에 없어요.

첫 유인원이 등장한 시기는 약 2백만 년 전인 선사 시대예요. 그런데 우리는 선사 시대보다 더 이전으로 거슬러 올라갈 수도 있어요. 포유류 골격 연구, 공룡 연구, 화석 연구, 지구의 표면인 지각 연구, 그리고 행성과 별 연구를 통해 선사 시대 이전에 무슨 일이 일어났는지 상상하고 탐구하지요. 즉, 역사 시대, 선사 시대, 지구와 우주의 역사로 거슬러 올라가는 거예요. 우리는 바로 우주의 역사에서부터 여행을 시작할 거예요.

## 시간의 지도를 어떻게 읽을까요?
**시간의 지도를 읽는 건 어렵지 않아요. 그려진 선과 그림을 따라가기만 하면 충분해요.**
- 선의 시작은 가장 오랜 옛날이에요. 선을 따라 시간이 흘러가면서 차츰 우리가 사는 현재에 가까워져요. 선이 없는 곳에서는 왼쪽에서 오른쪽으로 그림을 따라가세요.
- 각 선에는 가장 중요한 사건이 표시되어 있어요. 숫자는 그 사건이 발생한 연도를 가리켜요.
- 연도 뒤에 적힌 '쯤'은 '약'이라는 뜻이에요. 사건의 발생 연도가 정확하지 않을 때 이렇게 표기해요.
- '기원전'과 '기원후'는 각각 '예수 탄생 전'과 '예수 탄생 후'라는 뜻이에요. 이 책을 읽다 보면 왜 서양에서 연도를 기록할 때 예수 탄생을 기준점으로 삼게 되었는지 알게 될 거예요.

# 시간의 연대표

이 시간 지도에는 선과 그림이 그려져 있어요. 우주의 시작과 그 뒤에 이어진 점진적 변화, 다양한 시대가 담겨 있지요. 선은 오늘날까지 이어지고, 미래를 향해 열려 있어요. 앞으로 시간의 강물이 우리를 어디로 데려갈지는 알 수 없어요.

시간이 항상 앞으로 나아가며 절대 멈추지 않는 긴 선과 같다는 생각은 비교적 최근에 나타났어요. 시대마다 시간을 이해한 방법이 달라요. 시대와 민족과 문화에 따라 다양한 방식으로 시간을 이해했지요. 시간을 원, 나선, 직선 등으로 보기도 했어요. 그래서 앞으로 연대표를 따라가기 전에 역사 속에서 시간에 관한 생각이 어떻게 진화했는지 관찰하는 게 중요해요.

동양 고대 문명에서는 일반적으로 시간을 원으로 보았어요. 세상은 시작도 끝도 없이 영원하며, 시간은 원을 따라 돌고 돈다고 생각했지요. 봄, 여름, 가을, 겨울이 가면 다시 봄이 오듯 말이죠. 씨앗에서 싹이 트고, 성장하고, 열매를 맺은 뒤 죽지만, 그 열매에서 다시 씨앗이 나와요. 사람들은 끊임없이 반복되는 시간과 함께 이 세상도 영원히 존재한다고 생각했어요. 달이 차고 기울어지고 계절이 반복되듯, 씨를 뿌리고 거두는 일도 매년 반복되지요. 그렇게 우주의 시간과 인간의 시간도 반복된다고 여긴 거예요. 고대의 시간은 대부분 시적 이미지와 이야기를 담은 신화와 전설 등으로 표현되어 전해져요.

기원전 250년쯤

**복잡한 달력**
마야족과 아즈텍족 같은 중앙 아메리카의 고대인들은 시간을 대단히 복잡한 달력으로 표시했어요. 다양한 주기와 하위 주기로 이루어져, 한참 계산해야 하는 달력이었어요. 각 주기 끝에 다다르면, 다시 태어나기 위해 우주 전체가 소멸을 맞이하는 무자비한 달력이었지요.

## 시간의 춤

고대 인도의 종교 문헌과 나중에 나온 불교 교리에 따르면, 우주는 끝이 없으며 영원히 쉬지 않고 순환하는 운명, 즉 영겁이에요. 각 순환은 정점에 올랐다가 느린 쇠퇴기를 거치고, 마지막에 이르면 다시 시작돼요. 힌두교에서 시바는 시간을 다스리는 신으로, 창조와 파괴와 재생성의 주기를 춤으로 표현해요.

## 기원전 580~기원후 380년쯤

### 탄생, 소멸, 폭발

고대 그리스와 로마 전통에 따르면 시간은 주기적으로 순환하면서 흘러가요. 시간은 "모든 것을 감싸 안는 둥근 구" 모양이에요. 시간 흐름에 맞춰 행성이 조화롭게 움직이고, 계절이 순환해요. 세상은 성장을 추구하다가 나중에 천천히 소멸하고, 결국 우주 폭발로 붕괴해요. 그다음에 처음부터 다시 시작되면서 무한한 주기로 반복되지요. 그리스 신화의 시간을 관장하는 신은 크로노스예요. 그는 하늘의 신 우라노스와 땅의 여신 가이아의 아들이에요. 자기 자식들을 잡아먹는 무시무시한 신이지요.

## 기원전 600년쯤

## 기원전 727~270년쯤

### 위대한 해

바빌로니아인은 시간이 끝없이 순환한다고 생각한 첫 사람들이에요. 별의 순환과 그 움직임을 연구하던 바빌론의 천문학자들은 "위대한 해"를 생각해 냈어요. 그들에 따르면, 우주와 인간의 역사는 별과 유사한 과정을 따라가요. 그리고 위대한 해를 맞이하면 우주 홍수로 최후를 맞이하고 다시 시작한다고 생각했어요.

### 시간의 원이 끊겨요

시간을 이해하는 또 다른 새로운 방식이 크리스트교와 더불어 퍼졌어요. 크리스트교에 따르면 세상은 영원하지 않아요. 이 세상은 하느님에 의해 창조되었기 때문에 시작이 있고, 또 끝이 있어요. 세상의 끝이 오면 모두가 최후의 심판을 받게 된대요.

## 기원후 33년쯤

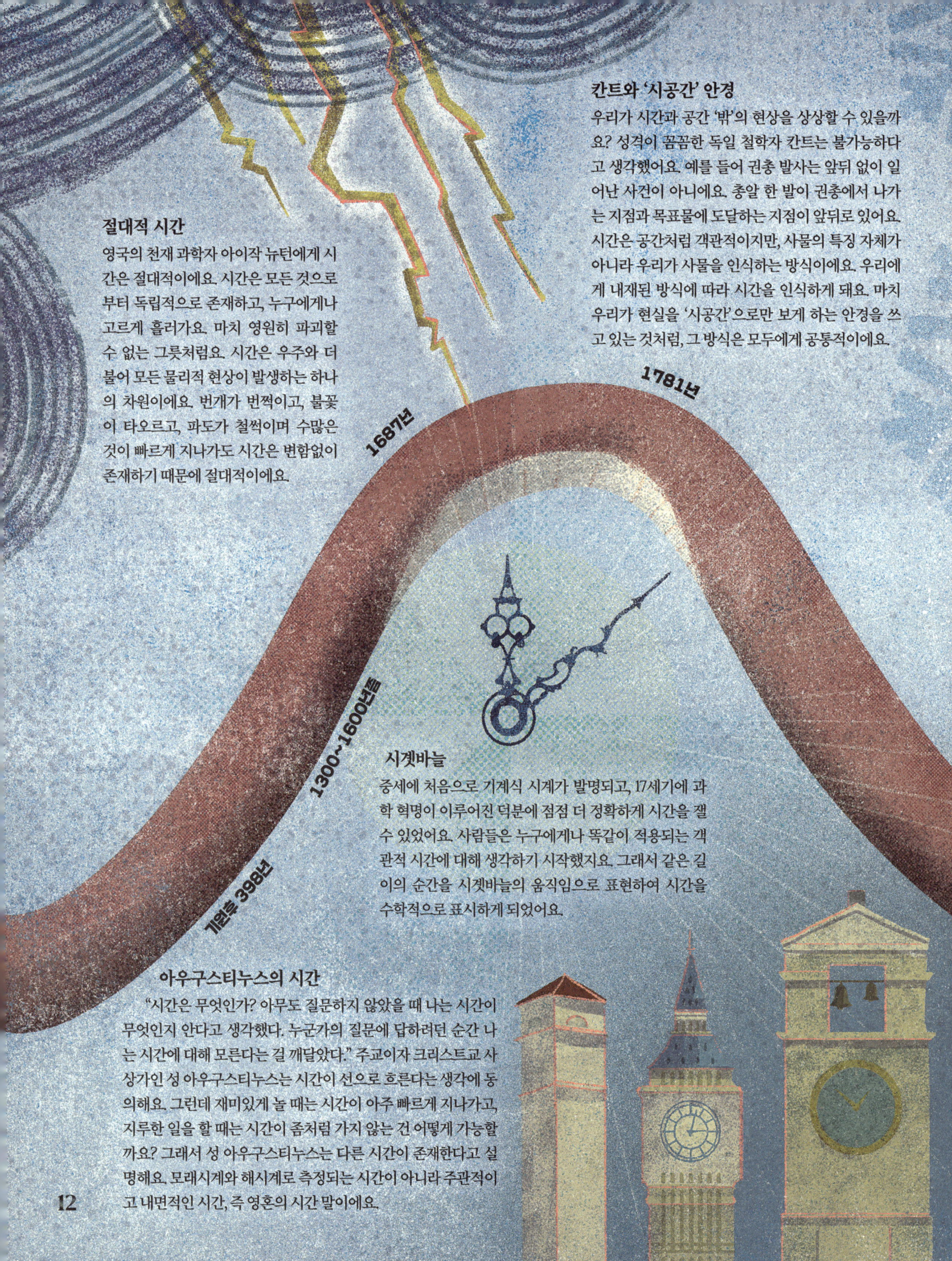

## 절대적 시간

영국의 천재 과학자 아이작 뉴턴에게 시간은 절대적이에요. 시간은 모든 것으로부터 독립적으로 존재하고, 누구에게나 고르게 흘러가요. 마치 영원히 파괴될 수 없는 그릇처럼요. 시간은 우주와 더불어 모든 물리적 현상이 발생하는 하나의 차원이에요. 번개가 번쩍이고, 불꽃이 타오르고, 파도가 철썩이며 수많은 것이 빠르게 지나가도 시간은 변함없이 존재하기 때문에 절대적이에요.

## 칸트와 '시공간' 안경

우리가 시간과 공간 '밖'의 현상을 상상할 수 있을까요? 성격이 꼼꼼한 독일 철학자 칸트는 불가능하다고 생각했어요. 예를 들어 권총 발사는 앞뒤 없이 일어난 사건이 아니에요. 총알 한 발이 권총에서 나가는 지점과 목표물에 도달하는 지점이 앞뒤로 있어요. 시간은 공간처럼 객관적이지만, 사물의 특징 자체가 아니라 우리가 사물을 인식하는 방식이에요. 우리에게 내재된 방식에 따라 시간을 인식하게 돼요. 마치 우리가 현실을 '시공간'으로만 보게 하는 안경을 쓰고 있는 것처럼, 그 방식은 모두에게 공통적이에요.

1687년

1781년

1300~1600년들

기원후 398년

## 시곗바늘

중세에 처음으로 기계식 시계가 발명되고, 17세기에 과학 혁명이 이루어진 덕분에 점점 더 정확하게 시간을 잴 수 있었어요. 사람들은 누구에게나 똑같이 적용되는 객관적 시간에 대해 생각하기 시작했지요. 그래서 같은 길이의 순간을 시곗바늘의 움직임으로 표현하여 시간을 수학적으로 표시하게 되었어요.

## 아우구스티누스의 시간

"시간은 무엇인가? 아무도 질문하지 않았을 때 나는 시간이 무엇인지 안다고 생각했다. 누군가의 질문에 답하려던 순간 나는 시간에 대해 모른다는 걸 깨달았다." 주교이자 크리스트교 사상가인 성 아우구스티누스는 시간이 선으로 흐른다는 생각에 동의해요. 그런데 재미있게 놀 때는 시간이 아주 빠르게 지나가고, 지루한 일을 할 때는 시간이 좀처럼 가지 않는 건 어떻게 가능할까요? 그래서 성 아우구스티누스는 다른 시간이 존재한다고 설명해요. 모래시계와 해시계로 측정되는 시간이 아니라 주관적이고 내면적인 시간, 즉 영혼의 시간 말이에요.

## 시간의 상대성

물리학자 알베르트 아인슈타인은 시간이 공간과 섞여 있다는 걸 증명했어요! 움직이는 물체 위에 있는 관찰자의 시계는, '지상'에 있는 관찰자의 시계보다 더 느리게 흐른다는 걸 발견한 거예요. 물체의 속도가 빨라져 빛의 속도에 접근하면, 물체의 시간이 팽창하고, 공간은 축소되는 경향이 있어요. 아인슈타인은 이걸 무척 복잡한 계산으로 설명했어요. 우리 몸은 공간 안에서, 또는 시간 안에서만 움직이지 않아요. 공시간 혹은 시공간 안에서, 한마디로 말해서 만질 수 없는 공간-시간의 흐름 안에서 움직여요.

**1905~1915년**

## 베르그송의 눈송이

콧수염이 멋진 프랑스 철학자 베르그송에 따르면 시계와 과학의 시간은 의식의 시간과 달라요. 벌어진 사건은 고유한 자기의 시간을 가져요. 그 시간을 지속 시간이라고 불러요. 매 순간은 항상 새로우며, 장소와 순간에 따라 달라져요. 의식은 그 순간을 확실한 방식으로 간직하지요. 눈송이가 다른 눈송이와 합쳐져 점점 더 커지는 것처럼, 삶의 시간은 시간이 지날수록 점점 더 커져요.

**1889~1907년**

**2004년**

## 시간은 없다

아인슈타인 이후 물리학자들은 양자 역학, 끈 이론 등 시간과 우주의 신비에 관한 연구를 계속했어요. 최근에는 루프 양자 중력 이론의 발전으로, 시간이 인간 감각의 환상이라는 가설을 세우게 되었어요. 시간은 물리적 수준에서 존재하지 않는다는 거지요. 또한 우주를 설명하는 물리학 공식에서 '시간 변수'를 고려하지 않아도 된다는 거예요.

## 헤겔과 나선형 시간

독일 철학자 헤겔에 따르면 불안한 인간은 끊임없이 자신을 초월하려고 추구해요. 항상 똑같은 문제로 돌아오지만 그래도 매번 조금씩 진보하지요. 그렇게 역사는 앞으로 나아가고 점진적으로 발전해요. 시간 또한 스스로 끝없이 '성장해요'. 마치 소용돌이 모양의 나선을 따라 움직이듯 말이죠.

**1807년**

## 철도, 표준 시간대와 만국 표준시

1848년 영국은 기차역의 시계를 런던 왕립 관측소가 선택한 표준 시간인, '그리니치 표준시'에 똑같이 맞추었어요. 그때까지는 모든 시민이 시계탑이나 종탑에 의지해 시간을 확인했지요. 시계탑이나 종탑은 태양의 위치를 관찰하여 종을 울려서 시간을 알려 주었고요. 그로부터 40년 뒤, 전 세계에 똑같은 기준이 적용된 시간 체계가 만들어졌어요. '만국 표준시'가 생겨난 거예요.

13

# 시간 측정과 날짜 표시

시간을 측정하고 표시하는 건 언제나 꼭 필요한 일이었어요. 옛사람들은 계절 변화를 통해 시간의 흐름을 측정했어요. 낮에는 그림자의 위치가 바뀌는 것을 관찰하고, 밤에는 별의 움직임을 기록하면서요. 그다음에 거대한 돌들을 둥글게 세워 놓은 신비한 고대 유적인 스톤 서클을 비롯해 해시계, 양초, 모래시계도 만들었어요. 중세 때 시간을 재는 발명품이 나타날 때까지요. 그 발명품은 바로 기계식 시계예요.

## 시간 측정

기원전 5000~3000년쯤

### 달력

규칙적인 삶을 위해, 인간은 시간, 요일, 연도에 이름과 숫자를 붙였어요. 달력을 만든 거예요. 달이 지구를 한 바퀴 도는 데 걸리는 시간에 맞춰 만든 '음력'이었어요. 양력 달력도 있는데, 태양의 움직임을 관찰하여 만들었어요. 달력은 무척 많고, 문화에 따라 다양해요. 가장 오래된 달력은 메소포타미아의 수메르인이 만든 걸로 알려져 있어요. 오늘날에도 이용하는 가장 유명한 달력은 그레고리우스 달력이에요.

### 스톤 서클

독일 고세크, 영국 스톤헨지, 이집트 나브타 플라야는 한 해의 특별한 순간을 기록하는 거대한 돌 달력이 세워진 신비한 장소예요. 거대한 스톤 서클은 해와 달의 위치에 정확히 맞춰 서 있어요.

기원전 2100년쯤

기원전 1600~1500년쯤

### 해시계

시간을 측정하는 가장 오래된 기구는 해시계인데, 고대 이집트 때부터 이용했어요. 낮 동안 기다란 막대기가 눈금이 표시된 평평한 면에 그림자를 드리워요. 태양이 움직이면 그림자도 움직이며, 짧아지기도 하고 길어지기도 해요. 그림자가 가리키는 눈금을 보고 몇 시인지 알지요.

## 모래시계

이집트인들은 '물이 빠져나가는' 시계를 발명했어요. 바닥에 작은 구멍을 낸 원뿔 모양 항아리에 물을 채우고, 그 물이 바로 아래에 받친 항아리로 흘러 들어가게 했지요. 항아리에는 눈금을 표시하여, 물의 양이 늘어난 것을 보고 시간이 얼마나 흘렀는지 알았어요. 이 시계는 나중에 모래시계로 진화해요. 항아리는 서로 연결된 유리그릇으로, 물은 모래로 바뀌었지요.

## 초와 향

유럽과 아시아에서는 시간을 초나 향이 타들어 간 시간으로 측정했어요. 초에 눈금을 표시하여 시간을 측정했지요.

기원후 500~1000년

기원전 1500년쯤

## 기계 시계

14세기부터 유럽 도시의 주요 성당에 기계식 시계가 설치되었어요. 초기 기계식 시계는 무게 추가 움직이면서 톱니 장치를 작동시키는 방식이었어요. 그 뒤 기계식 시계는 발전을 계속하여 새롭고 정확한 시계가 등장했어요. 진자시계, 크로노미터, 전자시계 등이지요.

1300~1955년

## 원자시계

물리학자들과 기술자들이 원자시계를 제작했어요. 원자나 분자의 진동수로 시간을 재는 시계예요. 이 시계는 외부의 영향을 받지 않으며, 거의 절대적인 정확성으로 시간을 표시해요. 백만 년에 1초 정도 차이 날 뿐이에요.

1955년

## 날짜 표시

역사를 정리하려면 달력의 기준점인 '0년'을 정할 필요가 있어요. 서양에서 정한 방법은 예수가 탄생한 해를 기원후 1년으로 세는 거예요. 이것이 가장 널리 퍼진 연도 표시 방식이지만, 유일하지는 않아요. 고대 로마인은 로마가 건국된 기원전 753년부터 날짜를 세었고, 고대 그리스인은 첫 올림픽이 열린 기원전 776년부터 세었지요. 이슬람교도는 무함마드가 메카에서 탈출한 기원후 622년부터, 우리 민족은 단군이 고조선을 세운 기원전 2333년부터 날짜를 세는 전통이 있어요. 오래전 사람들이 남긴 모든 날짜 표시법은, 옛 사건들을 시간에 따라 정리할 때 도움이 돼요. 문자도 없고, 시간을 측정하는 도구나 달력이 없었던 때 벌어진 사건의 날짜는 당시의 암석이나 나무, 사람들이 남긴 잔해를 연구해서 알아내요.

- **지층** 지층의 연속성을 연구하면, 어느 게 먼저고 어느 게 나중에 만들어졌는지 알 수 있어요. 지층의 역사를 알아내면 화석, 유적, 무덤 등 그 지층에 '속해 있는' 것들의 연대를 파악하는 데 많은 도움이 되지요.

- **'마법' 고리** 나무줄기를 자르면 여러 개의 고리가 겹친 나이테가 드러나요. 나무의 나이테는 1년에 하나씩 늘어나요. 나이테의 개수와 형태를 관찰하면 나무가 살아온 경험에 대해 알아낼 수 있어요. 어느 해에 비가 많이 오고 적게 왔는지, 빙하기나 가뭄이 있었는지 등을 알 수 있지요.

- **$^{14}C$** 생명체는 탄소 원자로 구성되어 있어요. 모든 생명체는 탄소의 일종인 탄소-14를 함유하고 있지요. 생명체가 죽고 나면 탄소-14는 시간이 지남에 따라 일정한 비율로 사라져요. 그래서 탄소-14의 양을 측정하면 그 생명체가 살았던 연대를 알아낼 수 있어요.

# 시간을 연구하는 직업

만약에 역사가 흐르는 강물 같다면, 역사도 강물처럼 측정하고, 조사하고, 지도에 표시하고, 설명할 수 있을 거예요. 만약 그 흐름의 방향, 범위, 힘을 이해할 수 있다면, 그 원천으로 거슬러 올라가 역사의 거대한 강물이 휩쓸고 간 것과 거짓말하고 몰래 숨겨 둔 것을 발견할 수도 있겠지요. 그런데 누가 이 역사의 지도를 만들까요? 시간의 흐름을 누가 연구할까요? 이 거대한 강에 첨벙 뛰어들기 전에, 역사를 연구하는 직업과 그들이 시간을 연구하는 방식을 알아보아요.

### 시계공, 시간을 쪼개는 사람
똑~딱, 똑~딱. 몇 시예요? 시계공은 시계를 만들고 수선해요. 그들은 시계의 초, 분, 시를 맞추지요. 시계공은 매일 시간의 흐름을 표시하는 일을 해요.

### 고고학자, 유적과 유물을 쫓는 사람
고고학자는 유적과 유물을 연구하여 역사를 밝혀내요. 그들은 많은 시간을 도서관에서 보내지만 그게 다가 아니에요. 세계를 돌아다니며 여행하고, 마을 건물 아래 땅을 파헤쳐 과거 도시의 흔적을 찾아내기도 해요.

### 역사학자, 과거를 연구하는 사람
더 이상 존재하지 않는 문화, 사회, 과거의 사건을 묘사하고 이야기하고 해석하는 사람은 누굴까요? 바로 역사학자예요. 역사학자는 옛 문서와 기록을 보며 옛날에 일어난 사건, 그들의 생각, 일상생활을 연구해요. 그들 덕분에 지금의 우리가 누구인지, 앞으로 어떻게 해야 할지 더 잘 알 수 있지요.

### 고생물학자, 암석을 파헤치는 사람
땅속에는 먼 옛날 지구에 살았던 작은 생물, 동물, 식물의 잔해도 파묻혀 있어요. 고생물학자는 화석, 뼈, 알, 조개, 꽃가루 등을 연구해 옛날 지구에 어떤 생명체가 살았는지, 그들의 모습이 어떠했는지 알려 줘요.

### 물리학자, 공간과 시간의 탐정
물리학자는 자연법칙을 연구해요. 수학을 도구 삼아 에너지, 중력, 소리, 빛, 열 현상, 무엇보다 공간과 시간의 비밀을 조사하지요.

### 사서, 역사의 수호자
도서관 서가는 필사본과 희귀 서적, 두루마리와 양피지, 종이와 디지털로 된 도서 목록, 잡지와 신문 등 옛날과 현대의 책으로 가득해요. 사서는 이곳을 돌아다니며 과거와 현재의 수많은 역사를 끈기 있게 정리하고 지키지요.

### 천체 물리학자, 은하계의 탐험가
우주는 어떻게 만들어졌을까요? 태양은 어떻게 생겨났을까요? 그리고 지구는요? 천체 물리학자는 이런 문제를 탐구해요. 그들은 수학을 이용해 별과 은하계의 역사를 재구성하고, 우주의 현상을 연구하지요.

### 지질학자, 땅만 보는 사람
암석은 책과 같아요. 지구의 역사를 기록하고 오랫동안 기억하여 지구에 인간이 등장하기 훨씬 전에 벌어진 오래된 사건을 알려 주지요. 지질학자는 암석에서 그러한 정보를 읽을 수 있어요. 그걸 바탕으로 땅, 바다, 산, 화산이 시간의 흐름을 통해 어떻게 변했는지 설명해요.

### 기록 보관자, 보존하는 사람
서류와 장부, 편지와 오래된 종이, 공문서와 성명서에는 가족이나 상점, 도시와 국가, 교회와 수도원의 역사가 쓰여 있어요. 기록 보관자는 지나간 시대의 일을 기억하면서, 이런 기록을 선별하고, 저장하고, 정리하는 힘든 일을 해요.

# 우주의 탄생
## 지구 생명의 기원부터 첫 형태까지

우주와 지구의 탄생에 대한 과학자들의 이론은 다양해요. 널리 인정받는 이론에 따르면 처음에는 아무것도 없었대요. 그러다가 빅뱅으로 우주가 생겨났지요. 빅뱅은 대폭발을 말해요. 이렇게 생겨난 우주는 지금도 꾸준히 커지고 있어요.

### 대폭발
많은 과학자에 따르면, 우주는 거대한 폭발로 만들어졌어요. 당시 우주는 작은 공간에 수많은 물질과 에너지가 꽉 들어차 엄청나게 뜨거웠대요. 견디다 못해 폭발이 일어나 우주가 크게 팽창하기 시작했지요. 좁은 공간에 갇혔던 물질과 에너지도 넓은 공간으로 퍼져 나갔고요. 우주는 팽창을 계속했고, 뜨겁던 온도도 차츰 내려갔어요. 그렇게 해서 원자, 별, 은하계 등이 만들어졌어요.

### 뜨거운 웅덩이가 바다로
지구가 천천히 식어 가는 동안, 엄청난 수증기가 생겨나 거대한 구름이 만들어졌어요. 천년에 걸쳐 비가 내리고 지구 표면은 뜨거운 웅덩이에 잠겼지요. 이렇게 해서 바다와 대양이 생겨났어요.

**140억~130억 년 전**

**43억 년 전**

**46억~45억 년 전**

### 태양과 지구의 탄생
죽어 가던 별에서 뿜어져 나온 가스와 먼지구름이 뭉쳐 우리가 잘 아는 별이 만들어졌어요. 바로 태양이에요. 태양 주변을 돌던 가스와 먼지가 뭉쳐지고, 때로 뜨거운 암석과 부딪혀 덩어리를 이루었어요. 그중 하나가 지구예요. 지구 표면도 처음에는 무척 뜨거웠지만, 차츰 식어 시원해졌어요.

**39억~34억 년 전**

### 물에서 나타난 생명체
지구에 어떻게 생명체가 나타났는지는 여전히 수수께끼예요. 원시 수영장 같은 뜨거운 웅덩이에서 생명체를 이룬 분자가 처음 생겨났을 거로 추측하지요. 그 뒤 첫 번째 박테리아가 등장했어요. 이들은 수백만 년 동안 지구의 주인이었어요.

### 지느러미를 움직여 육지로
식물과 동물이 육지로 나가 자리를 잡았어요. 조류, 이끼가 육지로 옮겨 가고, 물고기도 지느러미를 움직여 육지로 모험을 떠났지요. 지느러미로 기어다니던 물고기에서 첫 네발 동물이 생겨났어요. 또 양서류와 파충류도 등장했어요.

### 가장 오래된 화석
알려진 가장 오래된 화석은 오스트레일리아에서 발견되었어요. 35억 년 전에 만들어진 스트로마톨라이트예요. 남조류가 남긴 잔해가 단단하게 굳어 돌처럼 되었지요.

### 얼어붙은 세상
박테리아는 무리를 이루어 더 크고 복잡한 생명체가 되었고, 협동하는 법도 배웠어요. 그러다 거대한 빙하가 지구 전체를 얼음과 눈으로 덮었어요. 이 빙하기가 끝날 무렵 더 강력한 생명체가 나타났어요. 또 빗해파리와 스펀지처럼 몸이 부드러운 동물도 등장했어요.

4억 3000만~2억 9900만 년 전

2억 9900만~2억 5200만 년 전

18억~5억 7000만 년 전

5억 7000만~4억 년 전

30억 년 전

### 사상 최대의 멸종
고생대 마지막 시기인 페름기에 모든 땅덩어리가 하나로 합쳐져 거대한 대륙인 판게아가 만들어졌어요. 화산 폭발이 수십만 년에서 수백만 년 동안 일어나고, 온난화로 해수면도 낮아졌지요. 이 시기에 생명체가 대부분 멸종했어요. 당시 살아남은 생명체 중 꼬리가 길고 깃털 비슷한 털을 가진 날쌘 파충류가 있는데, 공룡의 사촌이었어요.

### 뼈를 만들기
물속 생명체 중 일부가 단단한 껍데기와 뼈대를 발달시켰어요. 단단한 딱지로 몸을 둘러싼 삼엽충, 거대한 머리뼈를 지닌 갑주어, 척추뼈를 갖춘 민물 척추동물, 몸을 보호하는 껍데기를 갖춘 암모나이트 같은 생명체였지요.

### 산소로 숨쉬기
물속 박테리아는 주변 분자에서 영양소를 섭취했어요. 그러다 먹을 게 부족해지자 '영리한' 방법을 찾았지요. 태양 빛을 이용해 스스로 먹을 걸 만들어 낸 거예요. 그렇게 남조류가 생겨났어요. 남조류는 새로운 기체로 대기를 가득 채웠어요. 이 기체는 우리에게 아주 중요한 산소예요.

19

# 공룡의 시대
## 공룡부터 초기 포유류까지

공룡은 거의 2억 년 동안 지구의 주인으로 살았어요. 공룡들은 무척 더운 날씨를 묵묵히 견디며 살았을 거예요. 공룡들 주변에는 아주 작은 생물들도 살았지요. 공룡의 시대는 6600만 년 전에 끝났어요. 소행성 충돌로 인한 환경 재앙 때문이라고 추측해요.

## 트라이아스기
### 2억 5200만 ~ 2억 100만 년 전

**공룡의 등장**
땅에는 거대한 침엽수가 빽빽하고, 양치류가 가득했어요. 판게아에서 첫 공룡이 나타났지요. 바다에는 이크티오사우루스가, 땅에는 에오랍토르와 헤레라사우루스가 있었어요. 그리고 포유류의 조상도 등장했어요.

## 쥐라기
### 2억 1백만 ~ 1억 4500만 년 전

**악어 대 공룡**
아무리 강한 공룡도 싸움에서 이겨야 세상을 지배할 수 있어요. 트라이아스기 내내 공룡의 최악의 적은, 악어의 오랜 조상인 프세우도수키아('가짜 악어'라는 뜻)였어요. 이들은 서로 치고받으며 싸움을 이어가다가 쥐라기 초반에야 공룡이 승리했어요.

**에오랍토르**
키가 1미터쯤인데, 두 발로 걸었어요. 아마도 알려진 가장 첫 공룡일 거예요. 이름은 '새벽의 사냥꾼'이라는 뜻이에요.

**프테로사우루스**
가장 잘 알려진 익룡으로, 척추동물 중 처음으로 하늘을 날았어요. 날개 펼친 길이가 10미터가 넘어요.

**떠다니는 공룡들**
거대한 대륙 판게아가 나뉘어 여러 대륙이 되었어요. 대륙마다 나뉜 공룡은 더 크고 새롭게 진화했어요. 하늘에는 공룡의 직계 후손인 초기 새들이 날아다녔어요. 야자수를 닮은 나무, 고사리, 은행나무도 나타났지요.

**메가조스트로돈**
날카로운 이빨을 지닌 작은 설치류예요. 초기 포유류 중 하나지요.

**이크티오사우루스**
파충류와 돌고래의 중간 정도인 해양 동물이에요. 뾰족한 턱과 더 깊은 물속에서도 잘 볼 수 있는 큰 눈을 지녔어요.

**플레시오사우루스**
몸통이 달걀 모양인 파충류예요. 목과 꼬리는 길고, 발은 지느러미처럼 생겼지요. 바닷물과 민물 모두에서 살았어요.

## 시조새

발톱 달린 발과 날카로운 이빨, 깃털과 날개가 있었어요. 거대한 까마귀처럼 보이는 작은 공룡으로, 파충류와 비슷했어요.

## 백악기
**1억 4500만~6600만 년 전**

### 살아 있는 화석
수백만 년의 세월이 흘렀음에도 불구하고 일부 생명체는 예전과 똑같은 모습으로 남아 있어요. 찰스 다윈은 그들을 '살아 있는 화석'이라고 불렀어요. 이들 중에는 양치류가 많아요. 그밖에 은행나무, 실러캔스, 암모나이트와 비슷하게 생긴 황제앵무조개가 있어요.

## 팔레오세 (신생대 초)
**6600만~2300만 년 전**

### 공룡의 최후
거대한 소행성이 지구에 충돌했어요. 충돌 지점은 멕시코 유카탄반도예요. 이 일로 지구 환경에 엄청난 재앙이 일어났어요. 공룡들은 대부분 최후를 맞이했어요. 유일하게 살아남은 공룡은 새에 더욱 가까웠지요. 어류, 파충류, 작은 포유류도 살아남았어요. 그들이 새로운 형태로 진화하면서 영장류와 밀접한 생명체가 등장했어요.

## 브론토사우루스
땅딸막한 몸집의 초식 공룡으로 늪이나 강어귀에 살았어요.

## 공룡 왕국
첫 꿀벌이 날아다니고, 꽃을 맺는 식물과 나무가 등장했어요. 또한 더 크고 놀라운 공룡이 가득했지요.

## 트리케라톱스
몸무게가 10톤, 몸길이 8미터가 넘는 초식 공룡이에요. 뿔이 3개 있어서 적에 맞서 싸우거나 동료들과 겨룰 때 썼어요.

## 티라노사우루스 렉스
몸길이 12미터가 넘는 가장 무자비하고 사나운 육식 공룡이에요. 몸집이 거대해도 움직임은 굉장히 빨랐어요.

## 아르헨티노사우루스
초식 공룡으로, 몸무게가 60톤이 넘는, 가장 커다란 공룡이에요. 보잉 747 비행기보다 몸집이 더 컸어요.

## 알로사우루스
거대한 육식 공룡으로 무자비한 포식자예요. 제일 큰 표본은 몸길이 12미터, 몸무게 2톤이에요.

## 디플로도쿠스
초식 공룡으로, 몸길이는 최고 40미터예요. 목이 아주 길고, 채찍 같은 꼬리가 있었어요.

## 스테고사우루스
날카로운 이빨로 무장한 초식 공룡이에요. 등에 접시 모양의 골판이 죽 박혀 있고 꼬리에 뾰족한 못처럼 보이는 골침이 있었어요.

## 벨로시랩터
작고 아주 빠른 공룡이에요. 치명적인 날카로운 이빨과 낫처럼 생긴 뾰족한 발톱이 있었어요.

# 선사 시대

선사 시대는 인류의 여명기였어요. 수백만 년이나 계속되는 아주 긴 새벽이었지요. 이 시기에 인간의 조상인 유인원이 나무에서 내려와 살기 시작했어요. 여러 세대를 지나면서 그들은 두 발로 걷고, 도구를 사용하고, 불을 사용하고, 집을 짓고, 협동하여 일하고, 벽화를 그리고, 물건을 조각하고, 상상하는 걸 배웠어요. 동아프리카에서 출발한 그들은 나중에 지구 전체를 정복했어요.

### 2300만 ~ 700만 년 전

## 새로운 유전자

**원숭이**
식물과 동물의 모습이 점점 더 오늘날과 비슷해졌어요. 새로운 포유류인 영장류가 나타나 열대 우림을 차지하고 자유롭게 살았어요. 바로 인류의 조상인 유인원이에요.

### 700만 ~ 600만 년 전

**나무에서 땅으로**
동아프리카 밀림에 살던 유인원이 사바나의 발달로 인해 나무에서 내려와 살았어요. 그들은 두 발로 걷게 되면서 자유로운 두 손을 이용해 물건을 나르거나 던질 수 있게 되었어요.

### 500만 ~ 400만 년 전

**오스트랄로피테쿠스**
동아프리카 사바나에서 오스트랄로피테쿠스가 퍼져 나갔어요. 그들은 두 발로 걸었던 첫 유인원이에요. 그중 루시가 유명해요. 320만 년 된 루시의 유골은 1974년에 에티오피아에서 발견되었어요.

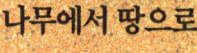

**호모 사피엔스 사피엔스**
호모 사피엔스 사피엔스 또는 크로마뇽인이라는 인류 종이 유럽에 도착했어요. 그들은 네안데르탈인과 함께 살았어요. 그들은 동굴 벽에 그림을 그리고, 인물을 새겼어요. 또 언어 능력을 발전시켰지요. 함께 살던 네안데르탈인은 알 수 없는 이유로 멸종했어요.

### 15만 ~ 3만 5000년 전

## 중석기 시대

### 1만 2000 ~ 8000년 전

**식물과 동물, 인간의 새로운 친구**
빙하기가 끝나자 기후가 따뜻해졌어요. 해수면이 올라가면서 많은 땅이 물에 잠겼어요. 거대한 포유류는 점점 희귀해졌어요. 서아시아에 살던 인간이 처음으로 농사를 짓고 가축 기르는 일을 시작했어요.

**인간의 여행**
모든 인간은 동아프리카에서 나타난 최초 인류의 후손이라는 가설이 있어요. 그들은 느리게 이주하여 서아시아로 옮겨 가고, 그다음에 아시아, 유럽, 마지막으로 아메리카와 오스트레일리아에 도착했다고 해요. 지금보다 바닷물이 적었고, 또 대륙 사이가 땅으로 이어졌던 덕분에 이 여행이 가능했을 거예요.

## 구석기 시대

### 호모 하빌리스
**260만 년 전**

날씨가 무척 추워졌어요. 북쪽 대륙은 모두 얼음으로 뒤덮였고, 코끼리의 털북숭이 친척인 매머드가 등장했어요. 아프리카에서는 호모 하빌리스가 널리 퍼졌어요. 그들은 유인원 중 처음으로 도구를 만들어 사용했어요. 주로 바위나 돌을 깎아서 만들었지요. 구석기 시대가 시작된 거예요.

### 호모 에렉투스
**190만~110만 년 전**

아프리카에서 호모 에렉투스가 널리 퍼졌어요. 키와 몸집은 요즘 인간과 비슷했지만, 이마가 들어가고 턱이 튀어나오고 치아가 컸지요. 호모 에렉투스는 불을 사용해서 몸을 데우고, 음식을 요리하고, 사나운 동물들에게서 몸을 보호했어요. 호모 에렉투스는 아시아와 유럽으로 퍼져 나갔어요.

### 네안데르탈인과 호모 사피엔스
**40만~20만 년 전**

아시아와 유럽에 네안데르탈인이 나타났어요. 우리와 가장 가까운 유인원 조상이지요. 그들은 추위를 막기 위해 동물의 가죽을 벗겨 처음으로 옷을 만들어 입고, 죽은 자들을 물건과 함께 동굴에 묻었어요. 약 20만 년 전에 더욱 진화한 새로운 인류 종인 호모 사피엔스가 등장했어요.

## 신석기 시대

**8000~5000년 전쯤**

### 농업 시작
예전처럼 돌을 깨뜨리지 않고, 매끈하게 갈아서 도구를 만들었어요. 농업 덕분에 삶의 모습이 많이 바뀌었어요. 사람들은 떠돌아다니던 삶을 그만두고, 한곳에 정착했어요. 그렇게 첫 마을과 작은 도시가 생겨났어요. 그들은 실을 엮어 옷감을 짜고, 진흙을 빚어 그릇을 만들었어요.

### 금속의 시대
선사 시대가 끝나 가고 역사 시대가 시작하려던 즈음에 인간은 금속 다루는 법을 배웠어요. 돌과 달리 금속은 녹여서 마음대로 모양을 만들 수 있어서 도구를 만들기 좋았어요. 사람들은 청동이나 철을 녹여 새로운 무기를 만들었어요. 금속 도구 덕분에 첫 무역이 생겨났어요.

- 구리 기원전 4000~2000년쯤
- 청동 기원전 2000~1200년쯤
- 철 기원전 1200~300년쯤

# 인류의 역사

**기원전 4000년쯤**

흩어져 있던 작은 마을 집단이 모여 역사상 첫 도시가 되었어요. 메소포타미아에 우루크, 페루에 카랄, 이집트에 테베라는 도시가 생겼어요.

**기원전 3300~3000년쯤**

첫 문자가 만들어졌어요. 메소포타미아의 설형 문자와 이집트의 상형 문자가 생겨났어요.

**기원전 2800~1450년쯤**

**고조선**
한반도에서 단군이 고조선을 세웠어요. 에게해의 크레타섬에서 미노아 문명이 발달했어요.

**기원전 1800~1200년쯤**

**페니키아인**
현재의 레바논 지역에 페니키아 문명이 등장했어요.

**기원전 1792~1750년쯤**

**바빌로니아인**
바빌로니아의 왕 함무라비가 가장 오래된 성문법을 공포했어요.

**기원전 1250년쯤**

**미케네**
아카이아인과 미케네인이 트로이성을 완전히 파괴했어요.

**기원전 1550~1200년쯤**

이집트 신왕국의 위대한 전사인 **파라오**가 '해양 민족'과 싸워 물리치고, 히타이트와 겨루었어요. 파라오는 리비아, 팔레스타인, 시리아로 영토를 넓혔어요. 이집트는 강력한 제국이 되었지요. 히브리인들은 이집트의 **노예**가 되어 파라오의 지배를 받다가, 예언자 모세에 의해 해방되었어요.

**992~1002년쯤**

**바이킹**
바이킹이 그린란드를 정복한 뒤, 아메리카 대륙에 이르렀어요. 한반도에서는 왕건이 고려를 세웠어요.

**800년**
성탄절에 교황이 신성 로마 제국의 카롤루스 대제를 만났어요.

**732년**
이슬람군이 에스파냐를 침공한 뒤 유럽 전역으로 진군했어요. 프랑크의 카를 마르텔이 푸아티에 전투에서 아랍군의 진격을 막았어요.

**1066년**
노르망디 공 작 윌리엄이 헤이스팅스에서 앵글로·색슨족을 물리치고, 영국의 왕이 되었어요.

**622년**

**이슬람 제국**
무함마드가 메카에서 탈출했어요. 그는 군대를 이끌고 이슬람의 이름 아래 아라비아반도를 통일했어요.

**중국 제국**
진나라 왕 영정이 주변을 정복하고, 중국 첫 황제가 되었어요.
기원전 221~206년

로마 장군 율리우스 카이사르가 갈리아에 살던 켈트족을 정복했어요. 그는 또한 게르만족을 물리치고 영국을 침략했어요. 카이사르는 종신 독재관이 되었지만, 기원전 44년에 음모에 의해 살해되었어요.
기원전 58~44년

카이사르의 양자 옥타비아누스가 경쟁자 마르쿠스 안토니우스를 악티움 해전에서 물리쳤어요. 안토니우스는 이집트 여왕 클레오파트라의 연인이었어요. 안토니우스가 죽자, 옥타비아누스는 세력이 강해졌어요. 그는 로마 제국의 첫 황제가 되어 **아우구스투스**(가장 존엄한 사람)라고 불렸어요.
기원전 31~14년

로마 제국의 속주인 유다에서 예수라는 유대인 설교자가 로마인에 의해 십자가에 매달려 처형되었어요.
기원후 26~36년쯤

**마야**
중앙아메리카에서 마야 문명이 최고로 발전을 이루었어요.
250~900년쯤

게르만족이 침략해서 서로마 제국이 멸망했어요. 한반도에서는 고구려, 백제, 신라가 다투었어요.
305~476년

**1818~1836년** 중앙아메리카와 남아메리카에 있던 포르투갈과 에스파냐의 식민지인 칠레, 아르헨티나, 그란콜롬비아(오늘날의 파나마, 콜롬비아, 베네수엘라, 에콰도르), 멕시코, 페루, 볼리비아가 독립했어요.

**1861년** 이탈리아 왕국이 탄생했어요. 조선에서 김정호가 『대동여지도』를 만들었어요.

**1874~1885년** 유럽 나라들이 아프리카 분할을 위해 경쟁하고, 대륙 전체에 식민지를 건설했어요.

## 대공황 시작

1929년

## 제2차 세계 대전

1939~1945년

1917년

러시아에서는 공산주의 이념에 영감을 받은 **레닌**과 혁명 집단이 권력을 잡았어요.

## 제1차 세계 대전

1914~1918년

미국과 러시아가 자본주의와 공산주의라는 두 무리로 나뉘어 대립하는 냉전이 시작되었어요. 한반도에서는 남한과 북한에 각각 정부가 세워졌어요.

1948~1949년

1890~1914년

프랑스와 유럽은 '좋은 시절'이라는 뜻의 벨 에포크를 누리며 한동안 평화로웠어요. 한반도에서는 조선이 일본에 국권을 빼앗겼어요.

**1969년**

미국인 닐 암스트롱과 버즈 올드린이 우주선을 타고 달까지 여행했어요.

**2020년**

코로나바이러스감염증-19가 전 세계에 퍼졌어요.

인터넷에 연결된 장치가 지구에 사는 사람 수 보다 많아졌어요.

**2017년**

**2001년 9월 11일**

뉴욕 세계 무역 센터 쌍둥이 빌딩이 공격 당했어요.

**1989년**

독일에서 베를린 장벽이 무너졌어요.

네덜란드의 마스트리흐트에서 이탈리아를 포함한 12개 국가가 유럽 연합을 시작했어요.

**1992~1993년**

29

# 메소포타미아 문명
## 수메르, 아카드, 바빌로니아, 히타이트, 아시리아

티그리스와 유프라테스가 교차하는 지역을 메소포타미아라고 불렀어요. 두 강 사이에 있는 땅이라는 뜻이지요. 5000년이 훌쩍 넘는 먼 옛날에 이곳에 첫 도시들이 세워졌어요. 우리에게 문자와 바퀴를 전해 준 수메르 문명이 번성한 거예요. 그 뒤 바빌로니아 왕국이 생겨났지만 분노한 아시리아인에 의해 무너졌어요. 역사상 첫 성문법도 이곳에서 등장했어요. 이렇게 마치 안개에 쌓인 듯 정체를 알 수 없던 시대가 갑자기 모습을 드러내기 시작했어요. 수많은 등장인물, 사건, 발명품을 펼쳐 놓으며 말이에요.

### 고대의 배관공
황량한 메소포타미아에서 농사를 짓던 일부 부족은 물이 흐르는 수로, 댐, 제방을 만들기 시작했어요. 모든 지방이 비옥해지고 살기 좋아졌지요. 그러자 주변 고지대 사람들이 이곳으로 모여들었어요.

기원전 6000~5000년쯤

### 신비한 민족, 수메르인
북쪽에서 온 신비한 민족이 메소포타미아 땅에 도착했어요. 그들의 도착으로 마을이 변화했어요. 좀 더 커지고 더 조직적인 마을로 안정되었어요. 그들은 진흙 그릇을 만들려고 물레를 발명했어요. 이 물레는 나중에 운송 수단을 제작하는 데도 사용되었어요.

### 청동과 문자
수메르인은 구리와 주석을 섞어 청동을 만들었어요. 신전에 보관한 재산을 계산하고 기록하고 분류하려고 설형 문자도 만들었어요. 이 문자는 점토판 위에 새겼어요. 각각의 왕이 통치하는 도시 국가가 번성했어요.

기원전 5000~4500년쯤

기원전 4500~3500년쯤

기원전 3300~3000년

### 역사상 첫 도시들
우루크에 있던 수메르인의 마을은 성벽으로 방어되는 큰 도시로 합쳐졌어요. 사회 계층은 사제, 전사 농민으로 나뉘었어요. 그들은 큰 신전을 지었어요. 신전은 종교 행사를 위해서뿐만 아니라 상품, 씨앗, 식량을 보관하는 창고로도 사용되었어요.

**기원전 2100년쯤**

### 피라미드 모양 탑
우르, 니푸르, 우루크에 첫 지구라트가 만들어졌어요. 돌을 쌓아 만든 피라미드 형태의 거대한 계단식 신전으로, 메소포타미아 종교에 따르면 하늘과 땅이 만나는 곳이었어요.

**기원전 2000~1800년쯤**

### 바빌로니아
서쪽 사막에서 온 아모리인이 메소포타미아 땅을 정복했어요. 그들은 유프라테스강 주변에 바빌론 도시의 이름을 딴 바빌로니아 왕국을 세웠어요.

**기원전 2335~2218년쯤**

### 아카드
아라비아반도에 살던 아카드인이 메소포타미아에 정착하여 수메르인의 도시국가를 정복했어요. 사르곤 1세가 나라를 세운 뒤, 제4대 나람신왕 때 거대한 제국을 이루었어요.

**기원전 1595~1160년쯤**

### 철 전문가
기원전 2000년쯤, 흑해 북쪽 대초원에서 온 히타이트인이 아나톨리아에 정착했어요. 그들은 뛰어난 대장장이로 철제 무기를 전문적으로 만들었어요. 또 말이 끄는 전투용 마차인 병거도 제작했지요. 히타이트인은 군대를 이끌고 바빌론을 약탈했어요.

**기원전 1792~1750년**

### 함무라비왕
바빌로니아의 함무라비왕은 메소포타미아 전역으로 세력을 넓혔어요. 총 282개 조항이 담긴 가장 오래된 성문법도 공포했지요. 전설에 따르면 함무라비왕은 태양과 정의의 신인 샤마시에게 직접 이 법전을 받았대요.

**기원전 1300~612년쯤**

### 무자비한 아시리아인
티그리스강 북쪽에서 아시리아인이 영토를 확장하기 시작했어요. 그들은 빠른 마차를 비롯해, 칼, 창, 활, 방패 등 철제 무기를 사용했어요. 또 거대한 공성 탑과 공성 망치 같은 전쟁 도구도 만들었어요. 아시리아인은 메소포타미아를 정복하고, 이집트에서 페르시아에 이르는 제국을 이루었어요.

• 바빌로니아

• 니푸르

• 우루크

• 우르

### 키루스 2세의 정복
페르시아의 키루스 2세가 신바빌로니아를 정복했어요. 그는 바빌로니아의 으뜸 신인 마르두크가 자신을 불러 바빌론을 정복하게 했다고 주장했어요.

**기원전 612년**

**기원전 539년**

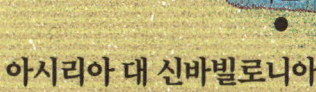

### 아시리아 대 신바빌로니아
아시리아인은 폭력적이고 무자비해서 미움을 받았어요. 아시리아에 내란이 일어나자 바빌로니아인과 메디아인이 힘을 합쳐 아시리아를 멸망시켰어요.

# 고대 이집트
## 첫 파라오부터 클레오파트라까지

역사책에 나온 고대 이집트인은 겉모습이 똑같아 보여요. 사막 한가운데 서 있는 피라미드의 엄숙함과 신비로움을 담고 있지요. 이집트 문명은 나일강의 자연 순환에 힘입어 발달했어요. 해마다 일정한 시간에 범람하는 강물 덕분에 비옥한 땅이 만들어졌지요. 지구상에 내려온 신으로 알려진 파라오의 권위에 기대어 고대 이집트는 3000년이 넘도록 단결을 유지했어요.

### 기원전 5000~3000년쯤
### 선사 시대 이집트

나일강 계곡의 사람들은 강을 농사에 이용하는 법을 알게 되었어요. 또 신화적인 전사가 나타나 나라를 통일했다고 전해져요. 가장 유명한 두 전사는 나르메르왕과 전갈왕 2세예요. 전갈왕이라고 불리는 건, 그의 이름을 표기하는 상형 문자가 전갈 모양이기 때문이에요.

### 기원전 3300~3000년쯤
### 상형 문자

고대 이집트인이 상형 문자를 만들었어요. 생각, 단어, 소리를 나타내는 작은 형상으로 표기하는 문자였어요. 이 문자를 돌에 새기거나 파피루스로 만든 종이에 썼어요. 설형 문자와 더불어 역사상 첫 문자였어요.

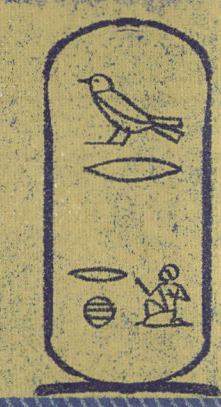

### 검은 땅과 붉은 땅

고대 이집트인은 자신들의 나라를 비옥한 검은 땅이라는 뜻의 케메트라고 불렀어요. 나일강이 범람하면 들판이 온통 검은색을 띠거든요. 건조한 사막 지역은 '붉은 땅'이라는 뜻의 데쉬레트라고 불렀어요.

### 기원전 2650~2180년쯤
### 조세르, 고왕국과 피라미드

고왕국 시대의 문을 연 조세르왕은 건축가 임호테프에게 거대한 돌무덤을 만들게 했어요. 그렇게 첫 계단식 피라미드가 탄생했지요. 그 뒤 피라미드는 점점 더 커졌어요. 기자에 있는 쿠푸왕의 대피라미드가 대표적이에요. 이 시기에 스핑크스도 만들어졌어요.

### 고대 이집트의 신들

고대 이집트인들은 수많은 신을 믿었어요. 각각의 신은 고유한 역할이 있었어요. 라는 태양신이고, 프타는 우주의 창조주, 이시스는 풍요의 여신, 오시리스는 죽은 자들의 왕국의 주인이에요. 아누비스는 죽은 자의 수호신으로 자칼 머리를 하고 있지요. 매 머리를 한 호루스는 파라오와 연결되었어요. 파라오는 땅으로 내려온 호루스였지요. 황소 머리를 한 멤피스의 수호자 아피스도 있어요. 토트는 지혜와 문자 두 가지를 관장하는 신이에요. 타와레트는 하마 여신으로 출산의 순간에 여성을 지켜 줘요.

### 기원전 2150~2000년
### 암흑시대

고왕국이 무너졌어요. 아마 다른 왕조와의 경쟁과 오랜 기간 이어진 가뭄이 원인이었을 거예요. 파라오가 신이라는 믿음도 무너져 기념물도 많이 세우지 않았어요.

### 기원전 2000~1650년쯤

**멘투호테프 2세와 중왕국**
멘투호테프 2세가 이집트를 재통일하고 테베를 수도로 정하면서 중왕국이 시작되었어요. 회화, 문학 작품이 많이 나온 위대한 시대였어요.

### 기원전 1650~1550년쯤

**침략**
외국 세력이 갑작스럽게 이집트를 침략했어요. 남쪽에서 올라온 쿠시족, 전차와 말에 익숙한 아시아의 힉소스족이 이집트를 공격했어요.

### 기원전 1550~1425년쯤

**신왕국의 전사 파라오**
아모스 1세가 침략자들을 물리친 뒤, 위대한 전사 파라오가 활약하는 신왕국이 시작되었어요. 파라오는 더 이상 피라미드에 묻히지 않고, 왕의 계곡에 묻혔어요. 신왕국은 리비아, 팔레스타인, 시리아로 영토를 확장하며 아주 강력한 제국이 되었어요.

### 기원전 1352~1336년

**아크나톤의 태양**
아메노피스 4세가 태양신 아톤에게만 제사를 지내도록 강요했어요. 그는 자신의 이름도 아크나톤(태양신 아톤이 만족하는 사람이라는 뜻)으로 바꾸었어요. 그리고 수도를 테베에서 아마르나로 옮겼어요.

### 기원전 1336~1327년

**젊은 투탕카멘왕**
투탕카멘왕은 아크나톤왕과 네페르티티 여왕의 아들이라고 추측해요. 그는 수도를 다시 테베로 옮기고, 옛 신앙으로 돌아왔어요. 투탕카멘왕은 18세를 갓 넘기고 사망했는데, 그의 무덤은 값비싼 보물로 가득 채워졌어요.

### 기원전 1279~1213년

**위대한 람세스 2세**
람세스 2세가 약 70년 동안 신왕국을 다스렸어요. 그는 옛 지식이 풍부한 걸로 유명해요. 람세스 2세는 카데시 전투에서 히타이트를 물리치고, 아부심벨 신전을 비롯한 웅장한 신전을 세웠어요.

### 기원전 1075~332년

**신왕국의 퇴락**
이집트는 아시리아, 페르시아의 먹잇감이 되었어요. 그러다가 기원전 332년 마케도니아의 알렉산드로스 대왕에게 정복되었어요. 새 수도의 이름은 알렉산드리아로 정해졌어요.

### 기원전 323~30년

**클레오파트라**
알렉산드로스 대왕이 죽자 이집트는 마케도니아의 통치자 프톨레마이오스에게 맡겨졌어요. 프톨레마이오스 왕조는 거의 300년 동안 이어졌어요. 클레오파트라 여왕이 로마에 패한 뒤, 이집트는 로마의 속주가 되었어요.

# 유대인과 페니키아인

레바논, 이스라엘, 팔레스타인, 시리아, 요르단이 있는 서아시아 지역은 고대에 '가나안'이라고 불렸어요. 이곳에는 역사에 지울 수 없는 흔적을 남긴 운명적인 두 민족이 있었어요. 유대인은 고대에 처음으로 유일신을 엄격하게 믿었어요. 페니키아인은 대담한 상인들로, 처음으로 알파벳을 사용했어요.

### 아브라함, 유대인의 조상

고대 유대인에 대해서는 알려진 것이 별로 없어요. 유대교 경전인 『타나크(구약 성서)』에 적힌 내용이 알려져 있을 뿐이에요. 『타나크』에 따르면 우르에 살던 아브라함은 야훼 신의 말을 듣고 가나안으로 떠났어요. 자신과 후손들의 조국이 될 땅을 찾아간 거예요. 역사가들은 이 사건에 초기 유대인의 역사가 담겨 있다고 생각해요. 메소포타미아에서 부족으로 나뉘어 양을 치며 살던 유대인이 물과 목초지를 찾아서 팔레스타인으로 이동했다고 본 거예요.

**기원전 1700~1500년쯤**

### 모세, 유대인과 이집트

아브라함의 후손은 이집트에 정착한 뒤 노예 신세가 되었어요. 그들은 파라오의 압제에 시달리다가 예언자 모세를 따라 이집트를 탈출했어요. 그 뒤 오랫동안 유랑 생활을 하며 팔레스타인으로 돌아가려 했지요. 역사가들은 이 내용이 사실이라는 걸 부분적으로 확인했어요. 팔레스타인 사람들은 가뭄이 심하게 들면 이집트에 가서 일꾼이 되어 힘든 일을 하곤 했대요. 이집트인들이 탈출한 유대인들을 추격했지만, 모세의 지도로 위험에서 벗어났어요. 모세는 유일신 야훼와 율법을 내세워 유대인을 다시 하나로 뭉치게 했어요.

**기원전 1500~1200년쯤**

**기원전 1800~1200년쯤**

### 페니키아인의 초기 흔적

현재의 레바논이 있는 자리에 페니키아 문명이 등장했어요. 산으로 둘러싸인 레바논에서 무역과 항해에 강한 티로와 시돈 같은 도시 국가가 발전했어요. 페니키아인은 뿔고둥에서 얻은 물질로 값비싼 자주색 염료(티리언 퍼플)를 만들었어요. 그들은 그리스, 팔레스타인, 이탈리아 등과 무역하며 알파벳을 퍼뜨리기도 했어요.

### 백향목

기원전 2000년쯤에 페니키아의 산은 높이가 40미터에 달하는 백향목으로 뒤덮여 있었어요. 백향목은 페니키아인에게 행운을 가져왔어요. 단단하고 견고해서 고대에 배를 만들기 가장 좋은 나무였거든요. 오늘날에는 많이 남아 있지 않아요.

### 유대인의 팔레스타인 정복
유대인이 예리코성을 공격했어요. 유대인은 여호수아의 지도에 따라 팔레스타인을 정복했어요. 사울왕은 이스라엘 왕국을 세웠어요. 다윗왕은 이 나라를 더욱 더 강하게 만들었고, 솔로몬왕에 이르러 전성기를 맞이했어요. 솔로몬왕은 페니키아 건축가들을 시켜 수도 예루살렘에 웅장한 사원을 건설했어요.

**기원전 1200~930년쯤**

### 자유의 끝
솔로몬왕이 죽은 뒤, 이스라엘 왕국이 나뉘어 남쪽에 유다 왕국이 생겼어요. 기원전 724년에 아시리아가 이스라엘 왕국을 정복했어요. 유다 왕국은 저항했어요. 기원전 587년에는 신바빌로니아군이 팔레스타인을 침략했어요. 네부카드네자르 2세는 예루살렘을 포위하고 신전을 파괴했어요.

**기원전 930~539년쯤**

### 떠도는 유대인
팔레스타인은 페르시아, 마케도니아, 로마 제국 등 다양한 나라의 지배를 받았어요. 기원후 70년에 미래 로마 황제인 티투스가 재건된 예루살렘 성전을 파괴하고, 유대인들을 도시에서 쫓아냈어요. 유대인은 나라 없이 흩어져서 '떠도는 민족'이 되었어요.

**기원전 539~기원후 70년**

**기원전 675~332년**

### 페니키아, 바다의 정복자
해양 민족의 침략 때문에 고대의 여러 나라가 어려움을 겪었어요. 하지만 페니키아인은 더 세고 강해졌어요. 무역이 발달하면서 종종 해적의 괴롭힘도 겪었어요. 페니키아인은 아프리카부터 에스파냐까지, 지중해 전역에 활동 근거지로 사용할 식민지를 세웠어요. 이 중에는 기원전 814년에 튀니지 해안가에 세운 카르타고가 있어요.

**기원전 1200~675년쯤**

### 페니키아인의 최후
페니키아는 점차 힘을 잃고 아시리아, 신바빌로니아, 페르시아, 그리스, 마지막으로 알렉산드로스 대왕이 이끄는 마케도니아에 차례로 정복당했어요. 페니키아의 유산을 카르타고가 상속했어요. 카르타고는 진정한 해상 왕국을 지중해에 건설했어요.

# 페르시아 제국
## 키루스 2세에서 알렉산드로스 대왕까지

기원전 8세기쯤 페르시아는 아직 메소포타미아 문명의 가장자리에서 떠돌고 있었어요. 그러나 미처 200년도 안 되는 사이에 전 지역에서 가장 두려운 존재가 되어 다른 모든 제국을 정복했어요. 그들은 이집트에서 인도 북서부에 이르는 역사상 첫 대제국을 건설했어요.

### 제국의 건설
아케메네스 왕조의 키루스 2세는 메디아 왕에게 반란을 일으켰어요. 그는 오늘날의 터키 땅을 차지하고, 바빌로니아 제국까지 정복하여 페르시아 제국을 세웠어요. 아들 캄비세스 2세는 이집트를 점령했어요.

### 다리우스 대왕
다리우스 1세는 '불멸 부대'로 알려진 페르시아 황실 근위대 출신이에요. 캄비세스 2세가 죽은 뒤 일어난 반란을 진압하고 왕이 되었지요. 그는 거대한 제국을 다스리기 위해, 영토를 20개의 속주로 나누고, 페르세폴리스를 수도로 정했어요.

### 그리스인의 반란
소아시아 해안가의 식민지에 살던 그리스인이 아테네와 에리트레아의 지원을 받아 반란을 일으켰어요. 다리우스 1세는 반란을 진압한 뒤, 두 도시를 처벌하기로 했어요.

### 제1차 페르시아 전쟁
다리우스는 1세는 그리스를 향해 진격했어요. 그는 먼저 사신을 보내 자신에게 복종할 것인지 물었어요. 아테네와 스파르타는 사신을 죽이고, 전쟁을 시작했어요. 페르시아군은 마라톤 전투에서 아테네군에 지고 말았어요.

기원전 550~522년

기원전 522~486년

기원전 499~493년

기원전 492~490년

### 조로아스터교
페르시아 제국에서 가장 많이 믿은 종교는 조로아스터교에요. 예언자 자라투스트라의 가르침을 숭배하는 종교지요. 그에 따르면 우주는 사악한 신 아리만과 숭고한 신 아후라 마즈다가 어마어마한 전투를 벌이는 거대한 극장이었어요.

### 불멸 부대
활로 무장하고, 짧은 창을 든 페르시아의 황실 근위대였어요. 죽거나 다치는 모든 병사는 즉시 다른 병사로 교체되어, 사람들 눈에는 절대 죽지 않는 것처럼 보였대요.

### 사트라피
페르시아 황제는 넓은 영토를 20개의 사트라피로 나누었어요. 사트라피는 태수가 관할 구역을 다스리는 속주였어요. 각 사트라피는 왕에게 공물을 바치고 병사를 제공했어요. 그 외에는 속주마다 고유한 언어, 종교, 관습을 자유롭게 유지했어요. 무역도 자유로웠어요. 하지만 반역자는 가혹한 처벌을 받았어요.

### 제2차 페르시아 전쟁
다리우스 1세의 아들 크세르크세스 1세가 그리스를 공격했어요. 페르시아군은 테르모필레 전투에서 스파르타군를 물리치고 아테네를 약탈했어요. 그러나 얼마 뒤 살라미스 해전에서 지고, 이듬해 플라타이아이 전투에서 완전히 패배했어요.

### 아르타크세르크세스 1세
페르시아 제국은 이 시기에 어려움을 겪지 않았어요. 크세르크세스 1세의 아들 아르타크세르크세스 1세는 유대인에게 예루살렘 신전을 재건하라고 허락했어요. 이 일화는 『타나크』에 적혀 있어요.

### 세 아들, 단 하나의 제국
아르타크세르크세스 1세의 세 아들은 모두 왕국을 차지하고 싶었어요. 황제의 자리를 이어받은 크세르크세스 2세는 형제 소그디아누스에게 암살되었어요. 소그디아누스는 또 다른 형제 오쿠스에게 죽었어요. 오쿠스는 다리우스 2세가 되었어요.

### 용병 만 명
키루스 왕자가 형제 아르타크세르크세스 2세와 왕위를 다투었어요. 키루스는 그리스 용병 만 명을 이끌고 소아시아로 진격했어요. 하지만 키루스가 전투에서 사망하자 용병들은 승리하고도 페르시아군에 쫓겨 도망쳐야 했어요.

### 페르시아 제국 멸망
마케도니아의 알렉산드로스 대왕은 3차례의 영웅적인 전투에서 다리우스 3세를 패배시켰어요. 그는 페르시아의 수도 페르세폴리스에 들어가 건물을 파괴하고 도시를 불태웠어요. 이로써 페르시아 제국이 최후를 맞았어요.

기원전 480~479년  기원전 457년  기원전 424~423년  기원전 401~399년  기원전 334~330년

# 고대 그리스
## 미노아 문명부터 알렉산드로스 대왕까지

크레타와 미케네의 폐허에서 생겨난 고대 그리스 문명은 첫 유럽 문명이었어요. 고도로 발달한 고대 그리스 문명은 우리에게 많은 걸 남겼어요. 오늘날의 정치와 제도, 철학, 과학, 예술, 문학, 연극에 많은 영향을 끼쳤지요. 인류가 새로운 시각으로 세상을 보고, 자기 자신을 탐구하고, 미래를 상상하려고 할 때마다 고대 그리스인을 재발견하는 건 우연이 아니에요.

### 미노아 문명
에게해의 크레타섬에서 미노아 문명이 발달했어요. 크레타 사람들은 성벽은 없지만 장엄한 궁전이 있는 도시를 건설했어요. 그리스 본토와 무역도 했지요. 그들은 황소를 성스러운 동물로 여겼어요. 미노아 문명은 갑자기 사라졌어요. 아마 지진이 원인이었을 거예요.

**기원전 2800~1450년쯤**

### 첫 올림픽
역사상 첫 올림픽 경기가 열렸어요. 올림픽은 4년마다 한 번씩 열렸는데, 이 기간은 그리스인이 시간을 세는 단위 중 하나였어요. 첫 도시 국가인 폴리스도 나타났어요. 폴리스는 '도시'라는 뜻이에요.

**기원전 776년**

### 『일리아스』와 『오디세이아』
『일리아스』와 『오디세이아』는 고대 서사시 중 가장 유명해요. 시인 호메로스가 지었다고 알려졌지요. 『일리아스』는 트로이와 전쟁을 치르던 아카이아인의 활약 이야기예요. 『오디세이아』는 아카이아 전사 오디세이가 집으로 귀환하는 동안 겪은 모험 이야기지요.

**기원전 600~510년쯤**

### 미케네 문명
아카이아인이라고도 불리던 미케네인이 그리스 본토에 미케네, 테베, 아르곤 등 성채 도시를 건설했어요. 그들은 무기와 전투를 좋아했지만, 크레타인에게 무역과 항해술을 빠르게 배웠어요. 미케네의 경쟁자였던 트로이는 기원전 1250년쯤 박살이 났어요. 미케네 문명은 도리아인의 도착으로 폐허가 되었어요. 그 위에서 고대 그리스의 세계가 펼쳐졌어요.

**기원전 2000~1200년쯤**

### 법과 식민지
그리스인이 소아시아, 지중해, 흑해 연안에 식민지를 세웠어요. 폴리스에서 모두가 지켜야 할 법을 제정한 사람이 나타났어요. 스파르타의 리쿠르고스, 아테네의 드라콘이 유명해요. 그리스인은 도기를 만들고, 돌로 초기 신전도 세웠어요.

**기원전 750~600년쯤**

### 폭군부터 민주주의까지
독재적인 권한을 휘두르는 참주가 폴리스를 다스렸어요. 기원전 510년, 아테네에서 제2대 참주 히피아스가 폭정으로 쫓겨났어요. 그 뒤 새로운 정치 형태가 탄생했어요. 바로 민주주의예요. 여성, 노예, 외국인을 제외한 모든 시민이 폴리스 정치에 참여할 수 있었어요.

### 그리스인, 역사상 첫 철학자

고대 사람들은 세상을 신화, 기호, 그림으로 표현했어요. 고대 그리스에 이르면 세상을 이성적으로 탐구하는 흐름이 시작된 것을 발견할 수 있어요. 철학이 생겨난 거예요. 철학자들은 사물의 원인을 탐구하고, 이전에 신화로 이해하던 것을 논리적으로 설명하려고 시도했어요.

### 필리포스 2세와 알렉산드로스 대왕

마케도니아의 필리포스 2세가 그리스를 정복했어요. 그가 세상을 떠나자, 아들 알렉산드로스 대왕이 페르시아 제국을 정복했어요. 폴리스의 경계가 무너지고 새로운 시대가 시작되었어요. 또 그리스 문화가 지중해와 아시아로 퍼져 나갔어요.

**기원전 359~323년**

### 소크라테스의 죽음

아테네인 소크라테스에게 철학은 '자기 자신을 아는 것'이고, 대화를 통해 진실과 덕을 연구하는 거였어요. 그는 젊은이들을 헷갈리게 하고 비정통적인 신을 칭송한다고 고발당한 뒤 재판을 받고 사형되었어요. 제자 플라톤은 고대 세계에서 가장 유명한 학교인 '아카데메이아'를 세웠어요.

**기원전 399년**

### 스파르타 대 아테네, 펠로폰네소스 전쟁

가장 강력한 두 폴리스인 스파르타와 아테네 사이에 전쟁이 벌어졌어요. 피비린내 나는 참혹한 전투가 이어진 뒤에 스파르타가 승리했어요. 스파르타는 고대 그리스 최고의 폴리스가 되었어요.

**기원전 431~404년**

### 페리클레스

페리클레스가 정치를 하던 때에 아테네는 바다와 무역로를 정복하여 그리스에서 가장 부유하고 강력한 폴리스가 되었어요. 도시의 높은 지대인 아크로폴리스에는 파르테논 신전이 세워졌어요. 대리석으로 짓고 눈부신 조각으로 장식한 이 신전은 아테나 여신에게 바쳐졌어요.

**기원전 461~429년**

### 첫 역사책

헤로도토스는 기원전 440년에 첫 역사책 『역사』를 썼어요. 그는 증인을 수소문하고, 자료를 수집하고, 장소를 찾아보면서 직접 확인한 내용을 담았어요. 페르시아 제국의 민족, 관습, 페르시아와 그리스 사이에 벌어진 전쟁 이야기가 담겨 있어요.

**기원전 492~479년**

### 페르시아 전쟁

페르시아군이 그리스를 두 차례나 침략했어요. 스파르타와 아테네의 지휘 아래 여러 폴리스가 바다와 육지에서 페르시아군을 물리쳤어요.

**기원전 472년**

### 비극

아테네 시인 아이스킬로스가 우리에게까지 전해진 첫 비극 작품을 썼어요. 비극은 가면 쓴 배우들이 합창하는 연극이었는데, 고대 그리스인에게는 일종의 종교 의식이었어요.

# 고대 로마
## 도시의 기원부터 제국의 몰락까지

라치오의 작은 마을이 다른 마을을 정복하고, 이탈리아반도 전체를 다스리고, 거의 8세기 동안 거대한 제국을 유지했어요. 신전, 도로, 다리, 수로, 요새, 온천, 성벽, 콜로세움, 진지, 개선문이 세워졌어요. 역사상 가장 조직적인 로마 제국을 세운 도시의 연대기예요.

### 기원전 2000~1000년
**이탈리아 민족**
이탈리아에서 리구리아인, 사르데냐인 등 다양한 원주민의 모자이크가 발견되었어요. 또 베네치아인, 시칠리아인, 라틴인 등도 옮겨 왔어요. 이주 민족들은 오늘날의 라치오 지역에 자리 잡고 양을 치고 농사를 지었어요.

### 기원전 753년 4월 21일
**도시 건설**
전쟁의 신 마르스와 여사제 레아 실비아의 아들인 로물루스와 레무스 쌍둥이 형제가 로마를 세웠다는 신화가 전해져요. 형제가 숲에 버려졌는데 늑대가 데려다가 키웠대요. 로마 건국 시기는 고고학자가 확인했어요. 로마 팔라티노 언덕에서 기원전 750년쯤에 마을이 있었던 흔적을 발견했거든요.

### 기원전 753~509년
**로마의 왕**
로물루스 뒤로 여섯 명의 왕이 도시를 이끌었어요. 누마 폼필리우스, 툴루스 호스틸리우스, 안쿠스 마르키우스, 타르퀴니우스 프리스쿠스, 세르비우스 툴리우스, 타르퀴니우스 수페르부스였어요.

### 기원전 509~27년
**공화국**
로마 사람들은 타르퀴니우스 수페르부스를 쫓아내고 공화국을 선포했어요. 이제 권력은 한 사람의 것이 아닌 '모두의 것'이 되었어요. 시민들은 매년 두 명의 집정관을 뽑았어요. 그들이 원로원과 함께 로마를 다스렸지요. 로마는 200년 만에 이탈리아를 지배하게 되었어요.

### 기원전 264~146년
**카르타고의 파괴**
로마는 세 차례나 전쟁을 치른 끝에 카르타고를 정복했어요. 두 번째 전쟁에서 카르타고 장군 한니발이 코끼리 부대와 함께 알프스 산맥을 넘어 로마로 진격했지만 결국 패배했어요.

### 기원전 197~146년
**그리스 문화의 영향**
로마는 마케도니아 왕국과 그리스의 폴리스를 정복했어요. 그들은 그리스 문화, 예술과 사랑에 빠졌어요. 로마인은 즉시 그리스 문화와 예술을 모방했어요.

기원전 135~71년

### 노예 반란

노예들이 세 차례 반란을 일으켰어요. 마지막 반란은 검투사 스파르타쿠스가 이끌었는데, 전투에서 패배하면서 죽었어요. 그의 동지들은 카푸아에서 로마로 이어진 아피아 도로를 따라 십자가에 매달려 죽음을 맞았어요.

기원전 58~44년

### 율리우스 카이사르

카이사르 장군은 오늘날 프랑스 땅인 갈리아를 정복하고, 게르만족을 물리치고, 영국을 침략했어요. 원로원이 군대 지휘권을 내려놓도록 요청하자, 카이사르는 로마로 진격해서 경쟁자인 폼페이우스를 제거했어요. 그는 종신 독재관이 되었지만, 기원전 44년에 암살되었어요.

기원전 31~14년

### 아우구스투스 황제

카이사르의 죽음으로 내전이 벌어졌어요. 그의 양아들 옥타비아누스가 악티움 해전에서 경쟁자 마르쿠스 안토니우스를 물리쳤어요. 옥타비아누스는 정치 체제를 공화제로 되돌렸지만 사실상 절대 권력을 쥐었어요. 그는 아우구스투스라는 이름으로 첫 로마 황제가 되었어요.

기원전 7~1년~기원후 25~36년

### 기원전, 기원후

팔레스타인에 있던 로마 제국의 속주 유다에서 예수라는 유대인 설교자가 로마인에 의해 십자가에 매달렸어요. 성경에 나오는 구세주 예수였지요. 신이 인간의 모습으로 와서, 인간을 구하기 위해 십자가에 못 박혀 세상을 뜬 뒤, 사흘 만에 부활했어요. 크리스트교는 짧은 시간에 로마 제국 전체로 퍼져 나갔어요.

14~284년

### 로마 제국

황제가 다스리면서 로마는 세계의 주인이 되었어요. 이 시기에 포룸 광장, 카라칼라 욕장, 하드리아누스 문, 판테온, 콜로세움(원형 경기장)이 세워졌어요. 235년 이후 위기의 순간이 있었어요. 치명적인 전염병이 유행하고, 북쪽에서 쳐들어온 야만족과 동쪽에서 쳐들어온 파르티아의 공격을 받았어요.

284~395년

### 두 개의 제국

디오클레티아누스 황제가 로마 제국을 네 명이 통치하는 체계로 바꾸었어요. 여러 해 뒤 콘스탄티누스 대제가 제국을 다시 통일하고, 콘스탄티노폴리스에 수도를 정했어요. 또한 스스로 크리스트교로 개종했지요. 테오도시우스 1세는 크리스트교를 로마 제국의 공식 종교로 선포했어요. 그는 제국을 다시 둘로 나누어 두 아들에게 물려주었어요.

410년

### 약탈당하는 로마

고대 역사에서 가장 충격적인 일이 일어났어요. 알라리크 1세가 이끄는 서고트족(게르만족 중 하나)이 로마와의 협정을 깨뜨리고 이탈리아로 내려와 로마를 폭력적으로 약탈했거든요.

476년

### 로마의 최후

서로마 제국의 로물루스 아우구스툴루스는 오도아케르에게 패배했어요. 게르만 용병 대장 오도아케르는 자신을 이탈리아의 야만족 왕으로 선포했어요. 동쪽의 비잔틴 제국은 천 년 더 지속되었어요.

# 켈트족과 게르만족

유럽의 중심부와 그 옆의 섬들에 로마와 충돌할 운명인 두 민족이 있었어요. 켈트족은 금속을 잘 다루고 강력하며, 키가 크고 금발이 많았어요. 그들은 적의 머리를 베어 죽이고, 자연을 숭배했지요. 북동쪽에서 온 게르만족은 항상 이동하고, 전쟁을 즐기며, 자유롭고, 굽히지 않는 민족이었어요. 서로마 제국을 멸망하게 한 건 이 두 민족이었어요.

### 할슈타트와 라 텐
중부 유럽에 오스트리아의 할슈타트 문화, 그다음으로 스위스의 라 텐 문화가 등장했어요. 돌, 도자기, 금속을 가지고 일하는데 능숙한 켈트족의 문화였어요. 그들은 나무로 집과 신전을 지었고, 죽은 사람은 청동 무기와 장식된 컵과 함께 매장했어요. 켈트족은 프랑스 땅으로 옮겨간 뒤 벨기에, 에스파냐, 영국으로 이동했어요.

### 거위와 갈리아인, 로마 약탈
갈리아인이 로마를 포위하고 약탈했어요. 그들이 로마를 치려고 카피톨리노 언덕으로 향하는데, 거위 떼가 꽥꽥거리며 로마 사람들에게 공격을 경고했어요. 로마 사람들은 방어를 갖추고 맞서 싸웠지만 결국은 갈리아인에게 금으로 몸값을 내야 했어요.

**기원전 800~300년쯤** | **기원전 400년쯤** | **기원전 387년** | **기원전 279~275년**

**기원전 8세기~6세기** | **기원전 113~101년**

### 게르만족
스칸디나비아반도와 유틀란트반도에서 온 용맹한 게르만족이 여러 부족으로 나뉘어 라인강과 다뉴브강 부근에 자리 잡았어요.

### 이탈리아로 향한 켈트족
켈트족에 속하는 인수브리, 보이, 레폰티, 세노네스 부족이 여러 차례 알프스를 넘어갔어요. 로마 사람들은 그들을 갈리아인이라고 불렀어요.

### 용감한 갈라티아인
켈트족은 발칸반도와 그리스로 넘어갔어요. 계속 앞으로 나아가다가 오늘날의 터키인 소아시아에 이르러 작은 왕국을 세웠어요. 이들은 갈라티아인으로 불렸어요.

### 킴브리 전쟁
게르만족의 갈래인 킴브리족과 튜턴족은 남쪽으로 이동하다가, 이탈리아 북부의 로마 전초 기지를 공격했어요. 그들은 로마의 가이우스 마리우스 장군에게 패배했어요.

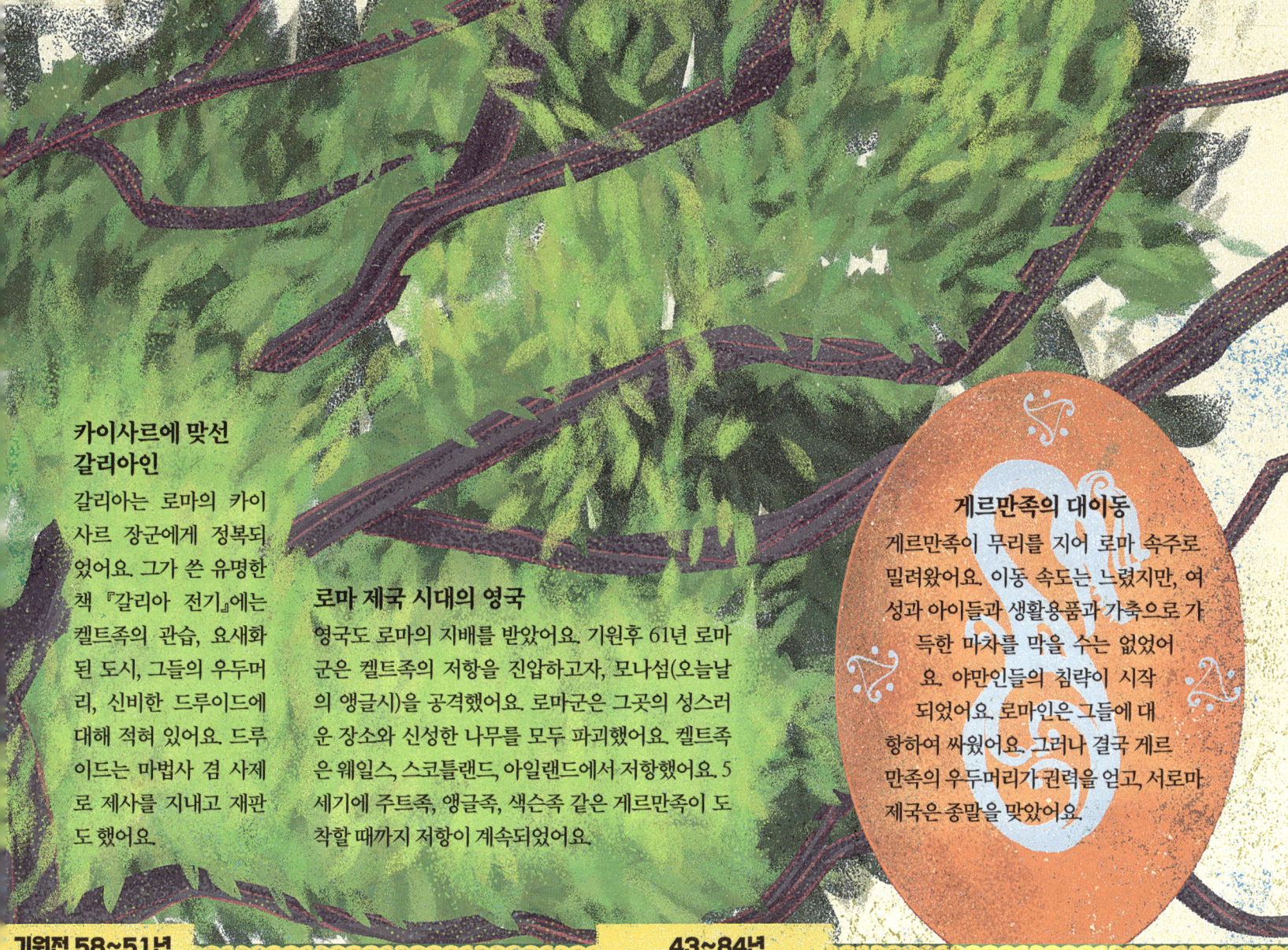

## 카이사르에 맞선 갈리아인

갈리아는 로마의 카이사르 장군에게 정복되었어요. 그가 쓴 유명한 책 『갈리아 전기』에는 켈트족의 관습, 요새화된 도시, 그들의 우두머리, 신비한 드루이드에 대해 적혀 있어요. 드루이드는 마법사 겸 사제로 제사를 지내고 재판도 했어요.

## 로마 제국 시대의 영국

영국도 로마의 지배를 받았어요. 기원후 61년 로마군은 켈트족의 저항을 진압하고자, 모나섬(오늘날의 앵글시)을 공격했어요. 로마군은 그곳의 성스러운 장소와 신성한 나무를 모두 파괴했어요. 켈트족은 웨일스, 스코틀랜드, 아일랜드에서 저항했어요. 5세기에 주트족, 앵글족, 색슨족 같은 게르만족이 도착할 때까지 저항이 계속되었어요.

## 게르만족의 대이동

게르만족이 무리를 지어 로마 속주로 밀려왔어요. 이동 속도는 느렸지만, 여성과 아이들과 생활용품과 가축으로 가득한 마차를 막을 수는 없었어요. 야만인들의 침략이 시작되었어요. 로마인은 그들에 대항하여 싸웠어요. 그러나 결국 게르만족의 우두머리가 권력을 얻고, 서로마 제국은 종말을 맞았어요.

기원전 58~51년 | 43~84년

기원전 55~53년 | 기원후 9년 | 98년 | 305~476년

## 라인강 위의 나무다리

카이사르가 갈리아를 다스릴 때 아리오비스투스가 이끄는 게르만 부족이 여러 번 쳐들어왔어요. 카이사르는 나무다리를 만들어 라인강 너머로 두 차례 군대를 보냈어요. 로마군이 다리를 건너 언제든 쳐들어올 수 있다는 걸 알고는 게르만족은 더 이상 저항하지 않았어요.

## 토이토부르크 숲

로마인은 라인강부터 엘베강에 이르는 땅을 차지했어요. 그런데 아르미니우스가 이끄는 게르만 부족이 반역을 일으키고, 토이토부르크 숲에서 로마군을 전멸시켰어요.

## 타키투스의 『게르마니아』

로마의 역사가 타키투스가 『게르마니아』라는 역사책을 썼어요. 게르만족의 관습과 생활 모습을 알려 주는 유일한 고대 서적이에요. 로마인에게 게르만족의 위험에 대해 경고하지만, 그들의 덕과 용기도 강조했지요. 실제로 게르만족은 다음 세기에 로마의 국경선을 주기적으로 침범했어요. 전쟁을 벌일 때 다른 민족과 동맹을 맺기도 했지요.

# 중국과 인도

2000년도 훨씬 전에, 황하강과 인도의 갠지스강에 이미 아시아 대륙의 주인공이 될 두 문명이 나타났어요. 중국에서 나타난 문명은 수많은 내전과 정복과 통일을 거치면서 세련되고 거대한 제국으로 성장했어요. 인도에 아리아인이 침입한 뒤, 사회는 위대한 영적 열정으로 물들었고, 카스트라는 엄격한 계급 제도가 생겼어요. 전쟁이 이어지고 일련의 제국이 꽃을 피우며 발전했어요.

## 왕조의 시작
첫 왕조 하나라, 상나라, 주나라의 시대였어요. 기원전 1250년에 첫 문자를 사용한 흔적이 있어요. 기원전 453년부터 221년 사이에 패권을 다투는 왕국 사이의 전쟁이 끊임없이 이어졌어요.

## 공자와 노자
위대한 스승 공자는 노나라에서 벼슬을 맡아 충직하게 일했지만, 갈등이 반복되자 나라를 떠나 방랑하는 철학자가 되었어요. 덕에 대한 공자의 가르침은 수 세기 동안 중국 문화의 근본이 되었어요. 같은 시기에 현자인 노자도 살았어요. 노자에 따르면, 우주는 유일한 원리이자 힘인 도에 의해 통제돼요. 그래서 이 원리와 함께 조화를 이루며 살아야 한다고 했어요.

*기원전 2100~221년쯤*

*기원전 551~479년쯤*

*기원전 2800~1500년쯤*

*기원전 1500~1000년쯤*

*기원전 600~322년쯤*

*기원전 563~480년쯤*

## 인도 문명
인더스강을 따라 모헨조다로, 하라파 같은 대도시가 발달했어요. 고유한 문자를 사용하는 상업 문명이 번성했어요.

## 아리아인
북쪽에서부터 전사 민족인 아리아인이 인도에 들어왔어요. 그들은 인더스강과 갠지스강 주변 도시들을 정복하고, 카스트라는 엄격한 신분 제도를 강요했어요. 태어날 때부터 정해지는 폐쇄적인 신분이었지요. 그들의 종교는 『베다』경전 덕분에 잘 알려졌어요.

## 16개의 왕국
갠지스강 근처 평원에 16개의 왕국과 작은 국가가 세워졌어요. 이 중 마가다 왕국이 가장 강력했어요. 한때 다리우스 1세가 이끄는 페르시아군과 알렉산드로스 대왕이 이끄는 마케도니아군의 침략을 받았어요.

## 깨우친 자
인도와 네팔 사이에 있는 한 왕국의 왕자 고타마 싯다르타가 부유한 삶을 포기하고, 인간 고통의 의미를 찾아 여행을 시작했어요. 그는 명상을 통해 모든 욕망이 소멸하는 니르바나(열반)의 경지에 이르렀어요. 그때 이후로 부처 즉 '깨우친 자'가 됐어요. 싯다르타는 제자들에게 가르침을 전했어요. 그의 가르침은 짧은 시간에 인도반도에 퍼졌어요.

## 중국을 통치한 여인
690년에서 705년 사이에 무조가 당나라 고종 황제의 부인이 되었어요. 무조는 황제가 죽자 정권을 잡고 직접 중국을 다스렸어요. 중국에서 처음이자 유일한 여성 황제였던 측천무후였어요.

## 수나라, 당나라, 송나라
중국은 수 왕조에 의해 재통일되고, 당나라 때 황금기를 누렸어요. 수나라, 당나라가 영토를 확장하면서 반복적으로 한반도를 침략했어요. 향락적인 문화가 퍼지고, 외국 문화에 대해 개방적이었어요. 송나라 때는 인구가 5천만 명에서 1억 명으로 두 배 늘었어요.

## 몽골 제국
칭기즈칸이 말 잘 타고 활 잘 쏘는 몽골족 유목민 군대를 이끌고 중국에 쳐들어왔어요. 그들은 중국 제국과 서아시아의 나라를 정복하고 러시아, 폴란드, 헝가리 등 유럽 나라를 위협했어요. 몽골족은 1368년에 중국에서 쫓겨났어요. 농부의 아들 주원장이 반란을 통해 황제가 되었어요. 명 왕조의 첫 황제였어요.

## 한나라부터 삼국 전쟁까지
진나라가 망하고 한나라가 들어섰어요. 한나라 때 서역과 교류를 시작했고, 비단길이 생겼어요. 한나라가 망하면서 중국은 위나라, 촉나라, 오나라 3개로 나뉘어 서로 전쟁을 벌였어요.

**581~1279년**

**1211~1368년**

## 첫 황제
진나라의 젊은 왕 영정은 이웃 왕국을 정복하고 통일 제국을 세웠어요. 그는 '첫 황제'라는 뜻인 시황제 칭호를 받았어요. 시황제는 나라를 지키기 위해 만리장성을 쌓았어요. 또 진흙으로 수많은 병사를 만들어 무덤을 지키게 했어요.

**기원전 206~기원후 220년**

**기원전 221~206년**

**기원후 320~550년**

## 굽타 왕조
찬드라굽타가 인도 북부 갠지스 계곡을 정복하고 강력한 군사 제국을 세웠어요. 예술과 과학이 발전한 인도의 황금기였어요. 가장 유명한 힌두교 사원들이 이때 지어졌어요.

**기원전 322~기원후 320년쯤**

## 꽃피우는 인도 제국
인도반도에 마우리아, 슝가, 쿠샨 같은 거대한 제국이 차례로 번성했어요. 이때 불교가 동아시아로 퍼져 나갔어요.

## 힌두교
8세기에 『베다』의 지혜가 심오한 변화를 겪으며 힌두교가 탄생했어요. 힌두교도들은 환생을 믿으며 많은 신과 여신을 숭배했어요. 가장 중요한 세 신은 우주를 창조한 신 브라흐마, 우주를 수호하는 신 비슈누, 우주를 파괴하는 여신 시바예요.

45

# 아메리카 대륙의 나라들
## 마야, 아스테카, 잉카

2만 년보다 더 오래전, 아메리카 대륙에는 아직 아무도 살지 않았어요. 그러다가 수렵 채집 생활을 하던 아시아의 일부 사람들이 베링 해협을 지나 아메리카 대륙으로 건너왔어요. 그들은 남쪽으로 내려가 아메리카 원주민의 조상이 되었어요. 그리고 더 남쪽으로 내려가 매혹적인 마야, 아스테카, 잉카 문명을 탄생시켰어요. 그들은 바다 건너에서 찾아온 항해가들이 가져온 재앙 때문에 최후를 맞이했어요.

### 기원전 1200~400년쯤
**올메카족, 고무가 나는 곳에 사는 사람들**
멕시코만 연안에서 올메카족이 거대한 피라미드를 세우고, 커다란 사람 두상을 조각했어요. 그들이 믿었던 종교에서는 재규어 숭배가 중요했어요. 아즈텍족, 마야족, 잉카족 같은 아메리카 민족 중에서 제일 '할아버지' 민족이 올메카족이에요.

### 300~600년
**나스카의 그림**
페루의 세추라 사막에서 고대 나스카인이 수백 미터에 이르는 거대한 동물 그림을 그렸어요. 거위, 고래, 거미, 벌새, 콘도르, 도마뱀, 원숭이 등의 모습이 있었어요.

### 기원전 3100년쯤
**신성한 도시, 카랄**
이집트 문명, 메소포타미아 문명과 비슷한 시기에 페루 땅에서 카랄 문명이 등장했어요. 카랄 문명은 아메리카에서 가장 오래된 문명이에요. 그들은 피라미드를 건설하고 신비한 춤으로 신을 숭배했어요.

### 987~1156년
**톨텍족**
멕시코 고원의 전사 민족인 톨텍족이 마야인 도시들을 침략해 두 문화가 합쳐졌어요. 날개 달린 뱀과 형상을 한 신인 케찰코아틀 숭배가 널리 퍼졌어요.

### 1251~1533년쯤
**잉카 문명**
전설적인 왕 망코 카팍이 이끄는 잉카족이 페루의 쿠스코 계곡에 자리했어요. 잉카족은 능숙한 농부이자 기술자였어요. 두 세기 뒤, 파차쿠텍왕과 그 아들이 제국을 칠레와 에콰도르까지 확장하고, 메스칼백 위에 마추픽추 도시를 건설했어요.

## 신성하고 잔인한 공놀이

단단한 고무로 만든 공으로 하는 공놀이가 중앙아메리카와 남아메리카에 퍼졌어요. 이 놀이에는 종교적 의미가 담겨 있어요. 놀이가 벌어지는 들판은 우주를, 선수들의 움직임은 태양과 달의 움직임을 나타내요. 또한 빛과 어둠의 영원한 싸움을 상징하기도 해요. 공놀이는 거칠어서 선수 한둘이 목숨을 잃는 일도 종종 있었지요.

## 인간 제물

아즈텍족은 신에게 빚진 것을 갚기 위해 인간 제물을 바쳐야 한다고 믿었어요. 제물의 심장이나 피를 신에게 바치기도 했어요.

## 파차쿠티

잉카 언어인 케추아어에서, 파차쿠티는 한 시대에서 다른 시대로의 이동을 나타내는 최후의 재앙을 말해요. 에스파냐 군대의 출현은 이전에 없었던 처음 일어나는 파차쿠티였어요. 에스파냐 군대는 원주민을 죽이고, 도시를 약탈하고, 그들의 역사를 지워 버렸어요.

### 기원전 1000~300년쯤 — 차빈 데 우안타르 유적

잉카족에게 신성한 장소인 차빈 데 우안타르가 안데스산맥을 따라 세워졌어요. 이곳의 돌기둥에는 재규어, 뱀, 독수리, 악어 등이 새겨져 있어요.

### 250~900년 — 마야 문명

중앙아메리카에서 마야 문명이 최고로 번영했어요. 농사를 짓는 사람들은 별자리에 대해 아주 잘 알았어요. 일 년이 365일 주기라는 걸 계산했어요. 그들은 항상 서로 다툼을 벌였어요. 가장 중요한 도시는 티칼과 치첸이트사였어요.

### 1325~1521년 — 아스테카 문명

현재 멕시코에서 아즈텍족의 침략으로 톨텍 왕국이 최후를 맞이했어요. 그들은 텍스코코호 근처에서 독수리가 부리에 뱀을 물고 꽃이 만발한 선인장에 앉아 있는 것을 발견하고는, 신성한 표시라고 여겨 테노치티틀란을 수도로 정했어요.

### 기원전 500년쯤 — 사포텍족

사포텍족이 멕시코 분지일부에 거대한 도시를 세웠어요. 이곳에 신전, 건물, 광장들을 공놀이를 위한 동장을 만들었지요.

### 기원전 100~기원후 600년쯤 — 테오티우아칸

아메리카 대륙에서 가장 큰 인구가 밀집한 도시는 테오티우아칸이었어요. 중심 도로를 따라 태양과 죽은 자들의 거리에는 태양과 달의 피라미드가 서 있었어요.

# 이슬람 제국과 오스만 제국

7세기에 예언자 무함마드가 이슬람의 이름 아래 모든 아랍 부족을 연합하고, 아라비아반도를 정복했어요. 이슬람 제국의 칼리프가 그의 일을 이어받았어요. 백 년이 채 되지 않아 이슬람 제국은 팔레스타인부터 에스파냐까지, 모든 사람을 복종시켰어요. 당시 아랍인은 전 세계에서 가장 뛰어난 의사, 천문학자이자 수학자였어요. 아랍의 유산은 오스만 튀르크인이 차지하였어요.

### 고대 아랍인
지중해와 서아시아를 오가는 무역로가 교차하는 아랍 지역에 많은 정착 부족이 살았어요. 그 옆에 유목민인 베두인족도 살았어요.

**기원전 570년 전**

### 무함마드
대천사 가브리엘이 무함마드에게 하느님의 말씀을 전했어요. 그 말씀은 이슬람 경전인 『쿠란』에 기록되었어요. 무함마드는 메카에서 많은 적을 만드는 바람에, 622년 메디나로 도망쳤어요. 그는 군대를 이끌고 이슬람의 이름 아래 아랍 전체를 통합했어요.

**570~632년**

### 정복 전쟁
이슬람 지도자 칼리프와 뒤를 이은 우마이야 왕조의 노력으로 이슬람 세력은 아라비아반도 경계 너머로 퍼졌어요. 아랍 군대가 팔레스타인과 아프리카 북부 전역을 정복하고, 모로코와 에스파냐까지 공격했어요. 이슬람 제국의 수도는 다마스쿠스였어요.

**632~714년**

### 오스만 1세의 꿈
오스만 1세는 원래 튀르크족의 부족장 중 하나였어요. 그는 자신이 거대한 제국을 건설하게 될 거라는 예언적인 꿈을 꾸었지요. 오스만 1세는 오스만 제국을 세우고 반복적으로 비잔틴 제국을 공격했어요.

**1299~1326년**

### 티무르 제국
오스만인이 셀주크 제국의 영토를 정복하고 유럽의 남동쪽을 차지했어요. 티무르 공격 이후 중앙아시아의 몽골 제국은 붕괴 위험에 빠졌어요.

**1389~1405년**

### 메메트 2세의 정복
메메트 2세가 다스리면서 오스만 제국은 다시 번성했어요. 1453년 메메트 2세는 콘스탄티노폴리스를 정복하여 비잔틴 제국을 멸망시켰어요. 이어서 그리스를 침략하고 중부 유럽을 압박했어요.

**1451~1481년**

### 역사상 첫 대학

기원전 859년에 상인의 딸 파티마 알 피흐리가 모로코에 모스크(이슬람 사원)와 부속 학교를 세웠어요. 이 학교는 시간이 지남에 따라 점점 더 많은 과목을 가르쳤고, 역사상 첫 대학이 되었어요.

### 아랍 과학

중세 아랍에는 가장 진보한 과학자가 있었어요. 그중에는 위대한 의학서를 쓴 아비센나(이븐 시나), 수학자 겸 천문학자이며 시인인 오마르 하이얌, 자동 기계 장치와 시계 등을 설계한 기술자 알 자자리, 첫 비행 실험을 한 아바스 이븐 피르나스가 있었어요.

### 이슬람 예술

사각형, 원, 오각형, 팔각형, 팔각 별, 덩굴무늬 같은 아라베스크가 등장했어요. 이슬람은 신성한 장소에 동물이나 사람 문양을 장식하는 걸 피했어요. 그래서 모스크 내부는 아름다운 기하학적 모티프와 꽃무늬와 구불구불한 글자로 뒤덮였어요.

### 푸아티에 전투

에스파냐 공격 이후 아랍 군대는 유럽의 나머지 지역을 향해 진격했어요. 앞선 부대가 푸아티에에서 카를 마르텔이 지휘하는 프랑크 군대에 잡혔어요.

### 이슬람 제국

아바스 왕조가 들어서고 우마이야 왕조가 쫓겨났어요. 바그다드가 동쪽에서 제일 큰 대도시가 되었지요. 터키 초원에 있던 셀주크 왕조가 그들을 위협했어요. 베르베르족이 세운 알무라비툰 왕조가 모로코, 서아프리카, 에스파냐 남부를 지배했어요.

### 몽골군의 바그다드 공격

몽골군이 이슬람 제국을 공격했어요. 바그다드를 포위하고 폭력적으로 약탈하여 아바스 왕조가 종말을 맞았어요.

732년     750~1258년     1258년

### 잔인한 셀림과 위대한 술레이만

셀림 1세는 왕위를 안전하게 지키려고 모든 남자 친척을 죽였어요. 이 때문에 '잔인한 셀림'이라고 불렸지요. 셀림 1세는 페르시아, 시리아, 이집트까지 영토를 넓혔어요. 아들 술레이만 1세는 빈의 문 앞까지 진군했지만, 결국 물러났어요. 그래도 이때 오스만 제국은 확고하게 지중해를 지배했어요.

### 사나운 함대, 레판토

코린트만에서 크리스트교 국가 연맹(에스파냐 제국, 베네치아 공화국, 로마 교황령)이 오스만 제국의 함대를 물리쳤어요. 유럽인이 오스만 제국에 대항하여 처음으로 승리를 거두었어요.

### 모두 전장으로, 빈 전투

오스만 제국의 군대는 여러 해 동안 베네치아, 페르시아, 오스트리아와 충돌했어요. 오스트리아의 빈에서 벌어진 격렬한 전투에서 패배한 뒤 오스만 제국은 서서히 쇠퇴했어요.

1512~1566년     1571년     1683년

# 중세 전기

중세는 서로마 제국이 멸망한 뒤부터 콘스탄티노폴리스가 함락되어 비잔틴 제국이 멸망할 때까지의 시기예요. 이 시기에 로마 문명과 게르만 문명이 뒤섞이고, 크리스트교가 널리 퍼져나갔어요. 중세는 흔히 말하는 암흑시대가 아니에요. 오히려 색상이 화려한 시기로, 위대한 변화가 일어났어요. 로마의 포룸과 극장은 성과 요새로, 남자들이 입던 토가는 셔츠와 바지로, 전사는 기사로, 사원은 교회와 수도원으로 바뀌었어요.

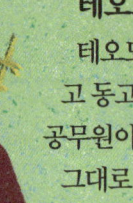

### 테오도리쿠스
테오도리쿠스가 오도아케르를 살해하고 동고트 왕국을 세웠어요. 그는 로마인 공무원이 영토를 관리하게 하고, 원로원도 그대로 유지하는 등 로마법으로 나라를 다스렸어요. 왕국의 영향력은 스페인의 서고트족과 갈리아의 프랑크족에까지 미쳤어요.

### 게르만족과 로마인
게르만족은 여자와 아이들, 생활용품과 동물을 가득 태운 마차 행렬을 이끌고 로마 영토로 이동했어요. 처음에는 전쟁이 벌어졌지만, 곧 로마인은 게르만인을 용병으로 받아들였지요. 그런데 이 용병들이 로마인에 등을 돌리고 권력을 빼앗았어요. 처음에는 외곽의 속주에서, 그다음에는 이탈리아 땅에서 게르만족이 권력을 잡았어요.

**기원전 476년**

**493~526년**

**527~565년**

**529년**

**568~774년**

### 야만인의 침략
게르만족과 서아시아 세력의 침략으로 로마의 몰락이 예고되었어요. 게다가 고트족, 반달족, 알란족, 슈바벤족, 훈노족, 앵글족, 색슨족, 프랑크족이 연이어 국경을 압박하고 도시를 침략했어요. 차츰 게르만족과 로마인이 공생하는 법을 배웠어요. 기원전 476년 로마를 위해 일하던 게르만 용병 대장 오도아케르가 서로마 제국을 멸망시키고, 이탈리아 왕이 되었어요.

### 그리스인 대 고트족
동로마 제국이라고도 부르는 비잔틴 제국에서 가장 많이 사용된 언어는 그리스어였어요. 비잔틴 제국의 유스티니아누스 대제가 이탈리아와 에스파냐 남부를 정복했어요.

### 문명을 구한 수도사들
성 베네딕투스가 로마 근처 계곡에 첫 크리스트교 수도원을 세웠어요. 그곳의 수도사들은 "기도하고 일하라"라는 규칙에 따라 살았어요. 그 뒤 유럽에서 수도원 수백 개가 설립되었어요. 글도 모르는 왕이 다스리고 퇴폐가 넘쳐나던 시대였지만, 수도사들은 도서관을 지어 철학책, 과학책, 고대 시를 베껴서 보전했어요.

### 랑고바르드족
게르만의 랑고바르드족(긴 수염 부족이라는 뜻)이 이탈리아 일부를 침략하여 정복했어요. 그들은 랑고바르드 왕국을 세우고 크리스트교를 받아들였어요.

### 성으로 뒤덮인 땅
사회가 바뀌어 어느새 봉건 사회가 되었어요. 왕은 기사에게 충성에 대한 대가로 땅을 주었어요. 땅을 받은 기사는 백작, 공작, 후작 같은 작위를 지닌 영주가 되었어요. 영주는 신하에게 충성에 대한 대가로 보호를 제공했어요. 또 농부에게 농사를 짓도록 땅을 빌려주었어요. 영주는 경쟁자를 비롯하여 노르만인, 헝가리인, 아랍인의 공격을 방어하기 위해 요새화된 성을 지었어요. 유럽 땅이 북쪽부터 남쪽까지 성으로 뒤덮일 정도로 많은 성이 생겼어요.

### 카롤루스 대제의 대관식
게르만 왕이 하나씩 크리스트교를 믿게 되었어요. 성탄절에 로마에서 교황 레오 3세가 피핀 3세의 아들, 카롤루스 대제에게 대관식을 열어 주었어요. 카롤루스 대제는 서로마 제국의 황제가 되었어요.

### 분열된 교회
중세는 대단히 종교적인 시대였어요. 크리스트교 덕분에 행동과 사고방식이 바뀌었어요. 사람들은 인생과 영원한 삶에 대해 더 많은 생각을 했지요. 크리스트교의 주요 지도자인 로마 교황과 콘스탄티노폴리스 총대주교가 갈등을 겪으면서 교회가 로마 가톨릭교회와 동방 정교회로 나뉘었어요.

### 푸아티에 전투
북아프리카와 에스파냐를 정복한 아랍인이 유럽의 나머지 지역을 향해 진격했어요. 그들은 크리스트교로 개종한 게르만 군대, 즉 카를 마르텔이 이끄는 프랑크족 군대에 막혀 푸아티에에서 멈추어야 했어요.

### 피핀 3세
카를 마르텔의 아들인 피핀 3세가 프랑크족 왕들을 몰아냈어요. 또 이탈리아에서 랑고바르드족을 몰아내고, 일부 땅을 교황에게 주었어요. 교황령의 핵심 영토였지요. 교황은 그 대가로 피핀 3세에게 대관식을 열어 주었어요.

**629~678년** · **732년** · **751~756년** · **800년** · **800~1000년들** · **840~1066년** · **1054년**

### 그리스 대 아랍
비잔틴 제국은 이집트와 서아시아 전역을 정복하고 있던 새로운 침략자, 아랍인과 싸워야 했어요. 비잔틴 제국의 황제는, 물로 끌 수 없는 비밀 병기 '그리스의 불' 덕분에, 함락 직전의 콘스탄티노폴리스를 여러 차례 지켰어요.

### 신성 로마 제국
'성인 왕'으로 불리던 루이 9세가 사망하고, 제국이 프랑크 왕국, 게르만 왕국, 이탈리아 왕국으로 나뉘었어요. 962년 오토 1세가 이 왕국들을 다시 통일하고 신성 로마 제국을 세웠어요. 1066년에 노르만족이 영국 땅을 정복했어요.

# 바이킹

8세기에 유럽 해안가는 사나운 노르만족의 도착으로 발칵 뒤집혔어요. 그들은 스웨덴, 노르웨이, 덴마크에서 왔어요. 바이킹이라는 이름으로 더 유명하지요. 바이킹은 바다나 강가의 '만' 또는 '전투'를 뜻하는 고대 노르웨이 말에서 유래했어요. 수염 난 전사들인 그들은 기습 공격에 능했어요. 바이킹은 파렴치한 상인, 대담한 식민지 개척자, 잔인한 해적이었어요. 그들을 태운 긴 나무배는 러시아 평원의 강을 거슬러 올라 콘스탄티노폴리스를 위협했어요. 바이킹은 그린란드와 아메리카 대륙까지 도달했어요.

## 낯선 이들의 습격

노르웨이 바이킹 배 세 척이 영국 해안가에 닿았어요. 앵글로·색슨 왕의 신하는 그들이 상인이라고 생각하고 환영했어요. 하지만 바이킹은 왕의 신하를 죽여 버렸지요. 바이킹은 아일랜드와 프랑스도 습격했어요.

## 위대한 덴마크 군대

영국에서 덴마크 바이킹 군대가 앵글로·색슨 왕국을 정복했어요. 그들은 요크셔를 정복한 뒤 '요르비크'라고 부르며 자신들의 수도로 정했어요.

## 노르웨이 사람들

유럽 사람들이 바이킹이라고 불렀던 노르웨이인들이 프랑스 북부를 침략했어요. 프랑스 왕은 바이킹 우두머리에게 땅과 공작 작위를 내려 주었어요. 이곳이 노르망디 지방이에요.

789년

793년

841~860년

865~866년

870~930년

911년

## 린디스판

영국 북동쪽 린디스판섬 대사원의 수도사가 어느 날 커다란 돛이 비스듬히 기운 배가 정박한 걸 보았어요. 그리고 곧 수도원을 약탈하는 바이킹의 첫 공격이 있었어요.

## 더블린부터 콘스탄티노폴리스까지

바이킹이 아일랜드의 더블린에 무역 기지를 건설했어요. '바랑기아'라고 불리던 스웨덴 바이킹이 러시아 평원의 강을 거슬러 올라갔어요. 그들은 도시를 점령하고 콘스탄티노폴리스까지 진격했지요. 그곳에서 흑해를 통해 목재 및 가죽 무역을 했어요.

## 얼음과 불의 땅에서

바이킹이 아이슬란드를 식민지화했어요. 식민지는 알팅그(의회)에서 다 함께 모여 결정을 내려 다스렸어요. 알팅그는 현재의 아이슬란드 국회로 이어졌어요.

## 크리스트교도가 된 바이킹

푸른 이빨의 왕, 하랄1세가 덴마크를 통일하고 노르웨이까지 정복했어요. 그는 바이킹 중 처음으로 크리스트교로 개종한 인물이에요.

## 아메리카에 간 바이킹

붉은 에이리크의 아들인 레이프 에이릭손이 그린란드에서 출발하여 아메리카 대륙에 도착했어요. 콜럼버스보다 5백 년 앞선 일이었지요. 에이릭손은 자기가 발견한 대륙을 빈란드라고 불렀어요. 에이릭손이 정확히 어느 지역에 도착했는지는 밝혀지지 않았어요.

**952~988년**

**980~985년쯤**

**991년**

**992~1002년쯤**

## 그린란드

노르웨이 바이킹 붉은 에이리크가 살인을 저지르고 섬에 유배됐어요. 그는 아이슬란드 서쪽으로 향하는 원정대를 이끌고 나가 거대한 섬을 발견했어요. 그는 이 섬을 초록색 땅이라는 뜻으로 '그린란드'라고 불렀어요.

## 덴마크 금

덴마크 바이킹이 반복적으로 영국을 위협했어요. 영국 왕 애설레드 2세는 바이킹의 침략을 피하려고 매년 세금으로 금을 바쳤어요. 이걸 덴마크 금이라고 불렀어요.

## 시칠리아에 온 노르웨이인

로베르 기스카르가 노르웨이인들을 이끌고 교황에게 충성을 맹세했어요. 그들은 시칠리아에서 아랍과 비잔틴 제국 세력을 몰아내고 남부 이탈리아 전역을 정복했어요.

**1013~1017년쯤**

**1017~1066년**

**1059~1091년**

## 스벤 1세와 크누트 대왕

덴마크와 노르웨이의 왕 스벤 1세가 영국 영토를 침략했어요. 영국 왕 애설레드 2세는 나라를 떠나 도망쳤어요. 아들인 크누트 대왕이 영국 정복을 마무리하고 3개 왕국의 왕이 되었어요.

## 헤이스팅스 전투

크누트 대왕이 죽자 거대한 왕국이 곧 해체되었어요. 1066년에 노르웨이의 하랄 3세가 영국을 다시 정복하려고 전투에 나섰다가 세상을 떠났어요. 같은 해에 노르망디의 윌리엄이 앵글로·색슨인을 헤이스팅스에서 물리치고 영국 왕이 되었어요.

# 중세 후기

1000년 이후, 중세 사회가 크게 변했어요. 그 변화는 "도시의 공기가 당신을 자유롭게 한다"라는 독일 속담으로 간단히 설명할 수 있어요. 중세 후기는 특히 도시 회복의 시기였어요. 이탈리아의 몇몇 도시는 나라만큼 크고 강력해졌어요. 수 세기가 흐르면서 교황과 신성 로마 제국 사이에서, 유럽 전역과 이슬람 세계 사이에서 충돌을 겪으며 도시는 점점 더 견고해졌어요. 마침내 프랑스, 영국, 에스파냐 같은 첫 군주국이 생겨났어요.

### 카노사의 굴욕
교황과 신성 로마 제국 황제가 주교 임명권 때문에 충돌했어요. 그 결과 신성 로마 제국의 하인리히 4세는 교황에게 파문당해 쫓겨나게 되었지요. 하인리히 4세는 이탈리아 카노사로 찾아가 눈보라가 치는 3일 동안 무릎을 꿇어서 교황의 용서를 받았어요.

### 근대적 대학의 탄생
수도원 안에 새로운 형태의 학교가 생겨났어요. 바로 대학이 세워진 거예요. 교수와 학생이 자유롭게 모임을 만들어 신학, 법, 의학을 공부하고 가르쳤어요. 볼로냐대학, 살레르노대학, 파리대학이 첫 대학들이에요.

1000년 이후

1073~1077년

1088~1215년

### 어디든 도시가!
유럽에서 무거운 쟁기와 물레방아가 만들어지고, 새로운 농업 기술을 사용하게 되었어요. 정착하여 사는 인구도 많아졌어요. 시골 성의 영주는 마을 사람들을 신하로 여겼어요. 도시 인구가 늘어나면서 상인과 장인의 활동이 꽃을 피웠어요. 도시에서 우두머리 역할을 한 건 주로 교회 주교였어요. 하지만 시민들도 도시의 일에 참여하기를 원했고, 가끔 실제로 참여했어요.

### 십자군 전쟁
교황 우르바누스 2세가 유럽의 크리스트교 기사들을 불러 모아 십자군을 꾸렸어요. 당시 이슬람 사람들이 차지하고 있던 '성스러운 땅' 예루살렘을 정복하기 위해 전쟁을 벌였어요. 십자군은 1099년에 예루살렘을 되찾았지만, 나중에 다시 빼앗겼어요. 그 뒤 십자군 전쟁이 8차례 이어졌어요.

1095~1291년

### 붉은 수염 프리드리히 1세
유럽은 황제당과 교황당으로 세력이 나뉘었어요. 붉은 수염 프리드리히 1세가 신성 로마 제국의 황제가 되었을 때 이탈리아 중부와 북부의 도시들은 황제의 편이었어요. 그러나 이 도시들은 점점 독립적으로 변해 작은 국가나 다름없는 자치 도시가 되었어요. 프리드리히 1세는 그 도시들을 억압하려고 했지만 실패했어요.

1152~1190년

### 두 명의 교황

많은 군주국이 유럽 무대에 등장했어요. 강력한 프랑스, 의회가 통치하는 영국, 가톨릭 왕국 에스파냐, 왕자들이 선출한 황제가 다스리는 신성 로마 제국이 있었어요. 교황령이 프랑스로 옮겨갔다가 다시 이탈리아로 돌아오며 위기에 빠졌어요. 프랑스와 이탈리아가 다툼을 벌였기 때문이에요. 그래서 사십 년 동안 교황이 두 명이었어요.

**1214~1417년**

### 흑사병

14세기는 기근과 전염병의 시대였어요. 서아시아를 드나들며 무역하던 배들이 운반한 흑사병이 유럽에 퍼졌어요. 위기를 느낀 사람들이 도시와 시골에서 폭동을 일으켰어요.

**1347년**

### 새로운 수도회

수도사들은 더 이상 세상에서 숨어서 은둔자로 살지 않고 시민과 더불어 사는 형제가 되었어요. 가난과 겸손의 삶을 실천하는 프란체스코 수도회와 크리스트교 신앙을 옹호하는 도미니코 수도회가 그들이에요.

**1209~1217년**

### 프랑스와 영국의 백년 전쟁

프랑스와 영국의 통치자들이 다투었어요. 그들은 친척 관계였어요. 프랑스 왕가의 합법적인 마지막 왕이 세상을 떠나자, 영국의 에드워드 3세가 프랑스 왕이 되겠다고 주장했어요. 이 일로 전쟁이 벌어져 116년 동안 계속되었어요. 처음에는 프랑스가 전쟁에서 밀렸지만, 잔 다르크가 등장하면서 결국 승리를 거두었어요.

**1337~1453년**

### 슈바벤의 프리드리히 2세

붉은 수염 프리드리히 1세의 조카손자인 프리드리히 2세가 이탈리아 북부와 남부를 물려받고 신성 로마 제국의 황제가 되었어요. 그는 항상 교황령 및 자치 도시들과 전쟁을 벌였어요. 프리드리히 2세는 교양 있고 영리하고 용감한 지도자였지만, 그의 드넓은 제국은 무너지고 말았어요.

**1220~1250년**

### 자치 도시에서 시뇨리아로

이탈리아 남부 지역이 노르웨이인에게서 프랑스 앙주 왕가로, 다시 에스파냐의 아라곤 왕가로 넘어갔어요. 이탈리아 중북부 지역에서 자치 도시 통치자들이 자신들의 지위를 세습하면서 시뇨리아(참주정)가 탄생했어요.

**1400년부터**

# 대항해 시대
## 항해왕 엔히크부터 초기 식민 제국까지

15세기와 16세기의 주인공은 항해가였어요. 모험에 대한 열정과 새로운 무역 항로 개척의 필요성 때문에 많은 사람이 아프리카, 아시아를 탐험했지요. 많은 유럽인이 아메리카에 도착해 식민지를 개척한 것도 이때예요. 세계 역사상 중요한 사건이지요. 유럽인은 생각하고 살아가는 방식이 전혀 다른 문명을 처음으로 만나게 되었어요.

### 새 대륙, 새 문물
유럽인이 알지 못했던 음식과 음료가 등장했어요. 아메리카에서 유럽으로 파인애플, 옥수수, 감자, 토마토, 피망, 칠리고추, 담배, 호박, 카카오, 바닐라가 왔거든요. 또한 유럽에서 아메리카로 독감, 천연두 같은 질병이 옮겨 갔어요. 동물의 이동도 있었어요. 아메리카 원주민들이 키우던 가축은 라마와 알파카였어요. 유럽에서 양, 소, 말이 아메리카로 건너갔지요.

### 아메리카 대륙 발견
아라곤의 페르난도 2세와 카스티야의 이사벨라 여왕이 에스파냐에서 아랍 세력을 몰아냈어요. 이사벨라 여왕은 무역을 확장하고자 이탈리아인 크리스토퍼 콜럼버스의 항해를 지원했어요. 콜럼버스는 서쪽으로 항해 계속 가면 인도에 도착할 거라고 믿었어요. 그러나 그가 도착한 곳은 아메리카 대륙이었지요. 콜럼버스는 처음에 바하마의 한 섬에 정박했다가 쿠바, 아이티 등에도 들렀어요.

### 정복자
멕시코에서 아스테카 황제 몬테수마는 에스파냐 정복자들의 우두머리인 에르난 코르테스를 환영했어요. 하지만 코르테스는 아스테카를 침략하고 수도 테노치티틀란을 폐허로 만들었어요. 또한 에스파냐의 프란시스코 피사로가 남아메리카의 잉카 땅을 정복했어요.

### 식민지 지배
에스파냐인이 아메리카에 무자비한 방법으로 식민지를 세우고 총독이 통치하게 했어요. 포르투갈인은 재빨리 무역 상점을 열었어요. 그들은 금광과 은광을 개발하고, 향신료를 재배하고, 거대한 사탕수수 농장도 만들었어요. 많은 마야족, 아즈텍족, 잉카족이 학살됐어요.

### 아메리카라는 이름
이탈리아 탐험가 아메리고 베스푸치가 남아메리카 해안을 탐험한 뒤 아메리카가 두 개의 대륙으로 나뉘어 있음을 발견했어요. 이 대륙의 이름은 그의 이름을 따 북아메리카와 남아메리카라고 불리게 되었어요.

### 카보토, 바스쿠 다가마, 카브랄
이탈리아 항해가 조반니 카보토가 북아메리카에 도착했어요. 그는 오늘날 캐나다 땅의 일부를 탐험했어요. 포르투갈 항해가 바스쿠 다가마는 처음으로 남아프리카를 지나 인도 서남부 캘리컷에 도착하는 데 성공했어요. 포르투갈 항해가 페드루 알바르스 카브랄은 북대서양의 카보베르데와 브라질 해안에 도착했어요.

1492년

1519~1533년

1550~1570년

1497~1500년

1501년

## 새로운 배와 항해 도구

지리적 발견은 새로운 배와 항해 도구 덕분에 가능했어요. 소형 범선, 무장 범선, 대형 범선 같은 배 덕분에 바다 항로를 개척할 수 있었어요. 천문 관측 장치 아스트롤라베와 각도와 거리를 재는 육분의로 별자리의 위치를 찾고, 시계 없이도 밤에 시간을 계산했어요. 그리고 지도 및 경험과 직접 관찰에 근거해 만든 항해 안내서의 도움도 있었어요.

## 이때 중국에서는…

15세기 초반에 중국 명나라 함대가 아프리카까지 항해했어요. 중국은 강력한 대형 선박과 앞선 기술력을 지니고 있었거든요. 어쩌면 중국은 세계를 식민지화할 수 있었을지도 몰라요. 하지만 타타르족과 몽골족의 위협 때문에 명나라는 더 이상 바다에 관심을 쏟지 않았어요. 중국의 퇴장은 유럽 사람들의 탐험 길을 활짝 열어 주었어요.

## 항해 왕자 엔히크

포르투갈의 엔히크 왕자는 사그르스에 첫 항해 학교를 세웠어요. 그는 자신의 함대에 아프리카 가장자리를 돌아서 대서양으로 모험을 떠나라고 강력히 권고했어요. 엔히크 왕자가 탐험의 시대를 열었어요.

1418~1419년

## 오스만 제국의 위협

오늘날의 이스탄불인 콘스탄티노폴리스가 오스만 제국에 정복되고, 비잔틴 제국이 최후를 맞았어요. 유럽인은 오스만 제국을 피해 인도로 가는 덜 위험한 새 무역로를 찾기 시작했어요.

1453년

## 첫 세계 일주

항해가 페르디난드 마젤란이 에스파냐에서 출발했어요. 그는 아메리카 남단을 지나고, 태평양을 건너서 인도에 도착했어요. 그는 필리핀에서 원주민에게 죽임을 당했지만, 동료들이 세계 일주 항해를 완료했어요.

1519~1522년

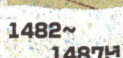
1482~1487년

## 아프리카로 간 포르투갈인

포르투갈 탐험가 디오구 캉이 아프리카 해안을 순찰했어요. 대서양에서 출발해 콩고 강 하구까지 거슬러 올라갔지요. 포르투갈의 바르톨로메우 디아스가 남아프리카를 지나가면서 희망봉을 발견했어요.

# 인문주의와 르네상스
## 페트라르카부터 코페르니쿠스까지

신기하게도 근대라는 시대는 그리스와 로마 문화를 새롭게 바라보려는 사람들 덕분에 탄생했어요. 그리스와 로마를 탐구하려는 새로운 조류는 사실 14세기 말부터 있었어요. 그들은 그리스와 로마의 문화를 복원하여 과거의 화려함을 되찾고자 했지요. 그 과정에서 인간의 존엄성을 강조하는 인문주의가 싹텄어요. 이러한 분위기에서 예술과 학문이 꽃핀 르네상스가 시작된 거예요.

### 인류에게 봉사하는 시인
프란체스코 페트라르카가 세상을 떠났어요. 그는 그리스와 로마 세계의 재발견을 북돋운 시인이에요. 페트라르카는 유럽 전역의 도서관에 소장된 고대 필사본을 지칠 줄 모르고 연구했어요. 그는 글공부가 인간의 영적 성장과 부활을 위한 도구라고 주장했어요.

**1374년**

### 문헌학의 시작
문학가이자 말 애호가인 콜루초 살루타티는 피렌체 서기관을 지내며 고대 그리스 문화 부흥을 위해 노력했어요. 이때 관련 문서를 비교하여 정확하게 읽고, 이해하고, 해석하는 학문인 문헌학이 생겨났어요.

**1397년**

### 브루넬레스코의 돔
건축가 필리포 브루넬레스코가 피렌체 대성당의 돔을 만들기 시작했어요. 로마 시대부터 오늘날까지 만든 벽돌 건축물 중 가장 위대한 작품으로 손꼽히지요.

**1420년**

**1453년**

### 움직이는 활자, 움직이는 생각
독일 금세공인 요하네스 구텐베르크가 낱낱으로 독립된 활자로 인쇄하는 방법을 발명했어요. 책의 생산과 지식 보급에 혁명을 일으킨 발명이었지요. 이 활자로 처음 인쇄한 책은 『성경』이었어요.

**1455년**

### 콘스탄티노폴리스 탈출
오스만 제국이 콘스탄티노폴리스를 정복했어요. 비잔틴 제국의 수많은 학자가 이탈리아로 도망쳤어요. 그들은 당시 유럽에 알려지지 않았던 그리스와 로마의 책들을 많이 가져왔어요.

### 새로운 시점

브루넬레스코가 편평한 표면에 그린 그림이 입체적으로 보이게 하는 기술인 원근법을 발명했어요. 사물을 바라보는 새로운 방식이었어요. 그는 기하학적이고 질서정연한 방식으로, 가능한 현실감 있게 사물을 표현하는 데 집중했어요.

### 돈과 아름다움

메디치 가문이 최고 권력을 누렸어요. 메디치는 피렌체 상인 가문으로, 유럽에서 가장 부유했어요. 로렌초 데 메디치는 이탈리아 정치에서 '저울의 바늘'처럼 중요한 존재였어요. 그는 시인, 예술가, 철학자와 다빈치, 미켈란젤로, 보티첼리 같은 예술가를 지원했어요. 교황, 베네치아 귀족, 궁정 영주, 스포르차 가문, 곤차가 가문, 아라곤 가문도 똑같이 했어요.

### 인간 존엄성의 강조

미란돌라 성주의 아들 피코 델라미란돌라는 천재 철학자였어요. 그는 르네상스를 알리는 선언문인 『인간의 존엄에 대하여』라는 책을 썼어요. 델라미란돌라는 지성 덕분에 인간이 동식물과 다르고, 자신의 본성을 자유롭게 드러낼 수 있다고 했어요.

### 마키아벨리

피렌체 외교관 니콜로 마키아벨리는 근대 통치자를 위한 안내서인 『군주론』을 썼어요. 그의 이름을 따 '마키아벨리즘'이라는 정치사상이 생겼어요. 권력을 위해 수단과 방법을 가리지 않고 계략을 꾸미는 걸 말해요.

### 근대 과학의 불꽃

"모든 것의 한가운데에 태양이 있어요." 폴란드 천문학자 니콜로 코페르니쿠스가 지구가 태양 둘레를 돈다는 걸 수학적으로 증명했어요. 갈릴레오 갈릴레이와 아이작 뉴턴의 발견으로 이어지는, 근대 과학의 첫걸음이었어요.

**1469년**    **1486년**    **1497~1616년**    **1513년**    **1543년**

### 북유럽의 르네상스

인간의 존엄성을 중시하는 르네상스 문화는 파도치듯 유럽 궁정으로 넘어갔어요. 예술, 철학, 종교, 과학, 문학에 모두 영향을 미쳤지요. 독일의 알브레히트 뒤러와 한스 홀바인, 네덜란드의 에라스뮈스, 영국의 윌리엄 셰익스피어가 대표적인 르네상스 인물이에요.

# 종교 개혁과 종교 전쟁

중세 내내 가톨릭교회는 엄청난 권력을 누리며 주요 지도자 역할을 했어요. 16세기에 가톨릭교회는 깊이 부패하고 위기를 맞았어요. 수도사 마르틴 루터가 내부에서 교회를 쇄신하려 시도하면서 루터파가 생겼어요. 루터의 종교 개혁은 유럽 전역에 영향을 미쳤어요. 종교 박해와 피비린내 나는 종교 전쟁이 이어졌어요.

### 1517년
### 유럽을 분열시킨 수도사
수도사 마르틴 루터는 부패한 가톨릭 교회를 개혁하고 싶었어요. 그는 자신의 개혁 의견을 담은 문서를 모든 사람이 읽을 수 있도록 비텐베르그 주교좌 성당 문에 붙였어요.

### 1519년
### 제국을 물려받은 카를 5세
합스부르크 왕가의 카를 5세는 신성 로마 제국 황제이자 에스파냐 왕, 오스트리아 대공이었어요. 그는 세계 곳곳에 흩어져 있는 땅을 상속받았어요. 에스파냐, 남부 이탈리아와 섬들, 프랑슈콩테, 네덜란드, 아메리카의 에스파냐 식민지 등이지요. 그의 제국은 '태양이 지지 않는다'라는 말에 걸맞았어요.

### 1520~1521년
### 비난받은 루터
교황과 카를 5세가 루터의 사상을 비난했어요. 루터는 교회 분열을 피할 수 없다는 사실을 깨닫고, 자기 생각에 찬성한 독일의 한 군주에게로 도망쳤어요.

### 1522~1526년
### 기사와 농부의 전쟁
교회 권력이 문제시되자, 이 불의를 끝내고자 하는 사람들이 나섰어요. 독일에서 가난한 귀족과 농부가 세금과 학대에 반대하여 폭동을 일으켰어요. 그러나 이 폭동은 곧 진압됐어요.

### 1534~1536년
### 늘어나는 신교도
종교 개혁이 유럽 전역에 퍼지는 동안, 스위스에서 신학자 장 칼뱅이 새로운 크리스트교 사상을 주장했어요. 바로 칼뱅주의예요. 영국에서는 헨리 8세가 가톨릭교회와 결별했어요. 아들을 낳지 못한 혼인을 무효로 하기 위해서였어요.

### 1545~1563년
### 트리엔트 공의회
가톨릭교회는 종교 개혁의 확산을 염려하여 이탈리아 트리엔트에서 여러 차례 모였어요. 바로 반종교 개혁이었어요. 반종교 개혁에 반대하는 사람을 감독하고 처벌하기 위해 로마 종교 재판소가, 반종교 개혁 사상을 홍보하기 위해 예수회가 생겼어요.

### 1555년
### 독일의 종교 전쟁
독일의 많은 제후가 종교 개혁 세력으로 넘어가 황제에 맞서 반란을 일으켰어요. 이 전쟁은 황제가 종교의 자유를 인정한 아우크스부르크 평화 조약으로 끝났어요.

### 1562~1598년
### 프랑스의 종교 전쟁
프랑스에서 가톨릭교 세력과 이에 반대하는 개신교 세력이 서로 죽일 듯이 증오하며 전쟁을 벌였어요. 평화 조약을 맺은 뒤에도 긴장은 줄어들지 않았어요.

### 1588년
### 에스파냐 대 영국
엘리자베스 1세는 종교적, 경제적 이유로 에스파냐와 충돌했어요. 해상 전투에서 재빠른 영국 배는 '무적 함대'로 불린 에스파냐 함선보다 우수했어요.

### 1600년쯤
### 바로크, 바로크, 바로크
반종교 개혁으로 경직된 나라에서, 특히 로마에서 화려하고 기발한 예술 스타일이 발달했어요. 바로 바로크 양식이에요.

### 1620년
### 메이플라워호
순례자 102명을 싣고 영국에서 출발한 메이플라워호가 북아메리카 코드곶에 도착했어요. 배에 탄 이들 중 많은 사람이 칼뱅파였어요. 종교 박해를 피해 도망친 사람들이지요. 메이플라워호에서 내린 사람들과 그 후손이 대서양 연안에 첫 아메리카 식민지를 세웠어요.

### 1618~1648년
### 30년 전쟁
오늘날의 체코 땅인 프라하에서 개신교 세력이 가톨릭 통치자를 왕궁 창문에서 던져 버렸어요. 이 사건으로 황제와 제후, 가톨릭교와 개신교 사이에 오랜 전쟁이 벌어졌어요. 길고 피비린내 나는 충돌이었어요. 스웨덴, 덴마크, 프랑스, 네덜란드, 에스파냐가 전쟁을 벌였어요. 독일 땅도 심하게 망가졌어요. 비극적인 전쟁이었어요.

### 마녀사냥
1580~1650년 사이에 유럽 전역에서 '마녀사냥'이 아주 흔하게 벌어졌어요. 마술과 민간 신앙에 관련된 모든 것을 사납게 박해했어요. 특히 여성들을 겨냥해서, 재판하고 종종 고문하고, 가끔 산 채로 불에 태워 죽였어요.

# 혁명의 시대

증기와 전기 에너지, 기계와 공장 문화, 자유와 기본권, 선거와 정당, 신문의 출현, 기술과 지식에 바탕을 둔 사회, 미국의 탄생 등 많은 새로운 발명과 변화가 일어났어요. 18세기 말까지 현대 사회의 기원이 되는 세 차례의 혁명이 일어났어요. 프랑스 혁명, 아메리카 혁명, 산업 혁명이에요.

**영국 내전** 영국 국회가 지나치게 권위적이라며 찰스1세를 고발했어요. 국회와 왕의 충돌 때문에 영국에서 내전이 일어났어요. 찰스 1세는 청교도 올리버 크롬웰이 이끄는 군대에 지고 참수형을 당했어요. 크롬웰은 영국 연방 공화국을 세웠어요. 하지만 그가 세상을 떠나자 다시 군주제로 돌아갔어요.

1642~1660년

### 이때 동양에서는…
인도에서 무굴의 이슬람 제국이 번영했어요. 중국에서 명나라가 무너지고 청나라가 권력을 잡았어요. 러시아는 차르가 다스리는 강력한 제국이 되었어요. 조선에서 병자호란이 일어나고, 일본에서 사무라이 시대가 절정에 달했어요.

1643~1715년

**태양왕 루이 14세** 베르사유 궁전으로 유명한 루이 14세는, 절대 군주제를 확립하면서 강력한 힘으로 프랑스를 다스렸어요. 루이 14세가 다스리던 시절에 프랑스는 유럽에서 가장 강력하고 중요한 나라가 되었어요.

### 계몽주의
로크, 볼테르, 루소, 몽테스키외, 칸트, 디드로, 라부아지에 같은 탁월한 학자의 지성이 빛난 시대였어요. 17세기와 18세기 사이에, 유럽의 지식인과 과학자는 당시의 종교와 정치에 의문을 제기했어요. 그들은 계몽주의 사상에 따라 사회를 변화시키려면 인간이 자신의 고유한 이성을 따라야 한다고 주장했어요. 계몽주의는 자유, 평등, 박애, 관용을 중요하게 여겼어요.

**명예 혁명** 영국 의회의 귀족과 부르주아 들이 새로운 왕에 불만을 품었어요. 그들은 왕의 사위인 윌리엄 3세를 왕으로 대신 즉위시켰어요. 윌리엄 3세는 의회를 존중하며 통치하기로 약속했어요. 피를 흘리지 않고 완성된 '명예로운' 혁명이었어요.

1688~1689년

## 프랑스 혁명

프랑스에서 군주제가 위기에 빠졌어요. 귀족과 백성 사이의 차이가 참을 수 없는 지경에 이르러 봉기가 일어났어요. 사람들은 자유, 평등, 박애의 기치를 앞세우며 혁명을 일으켰어요. 그들은 국립 교도소 바스티유까지 행진하고, 공화국의 시작을 선포했어요. 왕과 여왕은 단두대에서 처형되었어요. 그 뒤 '공포 정치'의 시대가 이어졌어요. 결국 혁명에 적대적인 유럽 나라들이 프랑스를 공격했어요.

**1789~1799년**

## 혁명적인 황제

프랑스의 나폴레옹 장군이 영국과 오스트리아 군대를 상대로 연이어 승리했어요. 그는 의회를 해산하고 제1통령이 되었다가 곧 황제로 즉위했어요. 나폴레옹 황제는 유럽 대부분을 정복했지만, 다른 나라들이 그를 막기 위해 힘을 합쳤어요. 그는 워털루 전투에서 결정적으로 패배했어요. 하지만 정복 전쟁 과정에서 프랑스 혁명 사상이 유럽 전체에 퍼졌어요.

**1799~1817년**

## 공장, 기계, 굴뚝

씨 뿌리는 파종기, 증기로 움직이는 직조기와 기관차가 등장했어요. 새 기술의 발명으로 영국과 유럽 전역에서 산업 혁명이 일어났어요. 사람들의 삶은 완전히 바뀌었어요. 도시는 노동자로 가득 찼어요.

**1769~1825년**

## 미국 탄생

북아메리카에 있는 13개 영국 식민지가 세금을 덜 내고, 더 많은 자유를 얻고 싶었어요. 그들은 영국 정부와 갈등하다가 전쟁을 시작했어요. 독립 전쟁은 식민지의 승리로 끝났어요. 그들은 헌법을 만들고, 아메리카 합중국(미국)을 세웠어요.

**1775~1783년**

## 계몽된 통치자

계몽주의 사상에 영향을 받은 유럽 군주가 늘었어요. 오스트리아의 마리아 테레지아 황후, 프로이센의 프리드리히 2세, 러시아의 예카테리나 2세 등이 국민의 삶을 개선하기 위해 개혁을 했어요.

**1740~1792년**

## 7년 전쟁

영국과 프랑스 사이에 벌어진 7년 전쟁은, 자국 영토뿐 아니라 식민지인 인도와 북아메리카에서도 벌어졌어요. 프랑스가 고군분투했지만 결국 영국에 북아메리카 땅을 넘겨주어야 했어요.

**1756~1763년**

# 민족의 시대

19세기는 민족의 시대였어요. 유럽 식민지에서 벗어나기 위해, 독립 정부를 세우기 위해, 같은 역사·언어·문화를 지닌 민족이 단합해 싸웠어요. 이 시대는 또한 부르주아의 시대, 식민지 시대, 제국주의 시대이기도 했어요. 유럽 나라들은 아프리카와 아시아로 식민지 지배를 확장하여 최대한 몸을 부풀렸어요. 그들끼리도 치열하게 경쟁했어요. 세계 전쟁의 공포를 몰고 올 정도로 긴장이 증가했어요.

### 1814~1830년
### 복귀와 혁명이 동시에
빈 회의를 통해, 나폴레옹에게 쫓겨난 각 나라의 통치자들이 왕좌로 돌아왔어요. 유럽 나라들은 옛 전통을 회복했어요. 그런데 자유와 국가에 대한 사상은 수그러들지 않았어요. 유럽이 혁명의 파도에 휩싸였어요.

### 1818~1836년
### 라틴아메리카 민족 운동
19세기 초 중앙아메리카와 남아메리카는 에스파냐와 포르투갈의 지배를 받았어요. 유럽이 나폴레옹과 전쟁을 벌이는 사이 호세 데 산 마르틴, 시몬 볼리바르 같은 혁명가가 앞장서서 독립 운동을 시작했어요. 그들 덕분에 칠레, 아르헨티나, 그란콜롬비아(오늘날 파나마, 콜롬비아, 베네수엘라, 에콰도르를 합친 공화국), 멕시코, 페루, 브라질, 볼리비아가 독립했어요.

### 1848년
### 민족의 봄
이탈리아, 독일, 프로이센, 프랑스, 오스트리아에서 절대 군주제에 반대하는 반란이 일어났어요. 사람들은 투표권과 개혁을 요구하고, 독립을 시도했어요. 일시적으로 요구가 실현되는 듯했지만 결국 폭력적으로 억압되었어요.

### 1848~1870년
### 이탈리아의 탄생
1848년 이탈리아가 오스트리아에 대항하여 독립 전쟁을 시작했어요. 수상 카보우르의 천재적 지도, 혁명가 마치니의 사상, 가리발디 장군의 용기와 백인 부대 덕분에 북부 이탈리아와 남부 이탈리아가 통일되었어요. 비토리오 에마누엘레 2세가 통일된 이탈리아를 다스렸어요.

### 1853~1860년
### 아시아의 제국주의
미국이 항구를 열라고 일본을 압박했어요. 영국이 인도 독립 운동을 다시 억압했어요. 무굴 제국이 무너진 뒤 인도는 영국 식민지가 되었거든요. 아편 전쟁에서 중국을 이긴 유럽 나라들이 청나라에 모욕적인 무역 조약을 강요했어요.

## 아프리카의 식민주의

유럽 나라들이 아프리카를 나누어 가지려고 서로 경쟁했어요. 그들은 베를린 회의에 모여 아프리카 대륙의 운명을 결정했어요. 그들은 아프리카 전체에 식민지를 세우고, 천연자원을 빼앗고 보물을 훔쳤어요. 프랑스와 영국은 진정한 식민 제국이 되었어요.

**1874~1885년**

## 미국 남북 전쟁

남부 7개 주가 동맹을 맺고 아메리카 합중국을 떠났어요. 그들은 흑인 노예의 노동력을 활용하여 막강한 이득을 얻는 경제 체제를 계속 유지하고 싶었거든요. 결국 내전이 시작되었고, 북부의 주가 승리했어요. 그 덕분에 노예 제도가 폐지되었어요.

**1861~1865년**

## 타이태닉호 침몰

영국의 호화 여객선 타이태닉호는 2,000명이 넘는 승객을 태우고 대서양을 항해하다가 캐나다 앞바다에서 빙산과 충돌하여 침몰했어요. 절대 가라앉지 않으리라 생각했던 배의 비극적인 최후였어요.

**1912년**

## 노동자들이여, 단결하라!

노동자 계층은 최악의 삶을 살았어요. 더 평등하고 안정적인 사회를 건설하려는 사람들이 생겨났어요. 사회주의자, 무정부주의자, 공산주의자가 모여 첫 국제 노동자 협회를 만들었어요.

**1864~1876년**

## 독일 제국

오스트리아, 프랑스와 두 차례에 걸쳐 전쟁을 치른 뒤 프로이센은 독일을 통일했어요. 그 결과 독일 제국이 탄생했어요.

**1871년**

## 벨 에포크

'좋은 시대'라는 뜻의 벨 에포크는 이전에 볼 수 없던 풍요와 평화의 시대였어요. 라디오, 영화, 백신, 전구, 마천루 등 수많은 발명품이 등장하여 과학의 진보에 대한 신뢰가 깊어졌지요. 또한 신비하고 화려한 패션이 유행했어요. 물론 사회적 격차, 인종 차별, 군비 경쟁도 심했어요.

**1890~1914년경**

# 제1차 세계 대전

아시아와 아프리카 식민지 정복으로 인한 갈등과 경쟁 때문에 유럽 나라들은 서로를 경계하며 무장을 서둘렀어요. 1882년 독일, 오스트리아·헝가리 제국, 이탈리아는 삼국 동맹을 맺었어요. 1904~1907년 사이에는 영국, 프랑스, 러시아가 삼국 협상을 이루었어요. 이로써 역사상 가장 파괴적인 전쟁인 제1차 세계 대전이 터질 준비가 되었어요. 이 전쟁에서는 참호, 독가스, 기관총, 탱크, 잠수함, 비행기 같은 새로운 군사 기술과 무기가 사용되었어요.

### 후계자가 암살되다!
오스트리아 왕위 후계자인 프란츠 페르디난트 대공이 보스니아의 사라예보를 방문하다가 세르비아 청년에게 암살되었어요. 청년은 오스트리아·헝가리 제국에 편입된 보스니아가 세르비아의 영토가 되어야 한다고 주장했어요.

### 겔리볼루반도
1914년 말 오스만 제국이 독일과 동맹을 맺었어요. 영국, 프랑스 등의 연합군이 콘스탄티노폴리스를 차지하기 위해 겔리볼루반도를 공격했어요. 그러나 오스만 제국군이 그들을 몰아냈어요.

**1914년 6월 28일**

**1914년 7월~8월**

**1914년 8월~10월**

**1914년 12월 25일**

**1915년 4월 25일~1916년 1월 9일**

**1915년 5월 23일~1916년 6월 27일**

### 연쇄 반응
오스트리아·헝가리 제국이 책임을 물어 세르비아에 전쟁을 선포했어요. 러시아는 세르비아를 돕기 위해 군대를 동원했지요. 삼국 협상을 맺은 프랑스와 영국도 러시아와 함께 전쟁에 뛰어들었어요. 이탈리아는 중립적인 자세를 취했어요.

### 두 개의 전선
독일군이 룩셈부르크와 벨기에를 침략하고, 파리를 향해 진격했어요. 그러나 선두 부대가 삼국 협상의 연합군에 의해 국경에서 멈추었어요. 병사들은 그곳에 참호를 파고 철조망을 높였어요. 독일 서쪽에 서부 전선이 만들어진 거예요. 한편 독일 동쪽의 동부 전선에서는 러시아가 크게 밀리고 있었어요.

### 크리스마스 휴전
서부 전선에 있던 많은 병사가 노래하며 참호에서 나왔어요. 그들은 아군과 적군을 가리지 않고 서로 크리스마스 축하 인사, 음식, 소소한 선물을 주고받았어요. 또 갑자기 축구 시합을 하기도 했지요. 그 유명한 크리스마스 휴전이에요.

### 이탈리아 참전
오스트리아에 빼앗긴 영토를 되찾으려고 이탈리아가 삼국 동맹을 탈퇴하고 전쟁에 뛰어들었어요. 이손초강에서 치열한 전투를 네 차례 치른 뒤, 오스트리아는 군대를 보내 배신자 이탈리아를 치기로 했어요. 이탈리아군은 이 공격을 잘 막아냈어요.

## 하늘의 전투

1915년 세계 대전이 시작되면서 하늘에서도 전투가 벌어졌어요. 공중에서 상대방 진영을 정찰하고 폭격 임무를 맡은 비행선, 전투기의 전쟁이었어요. 첫 전투기 조종사도 등장했어요. 80차례 이상의 전투 비행을 승리로 이끈 뒤 사망한 독일의 붉은 남작(만프레트 폰 리히트호펜)이 유명해요.

## 미국 참전

독일 잠수함이 식량과 탄환을 운반하던 영국 함선을 어뢰로 공격했어요. 그러다가 1915년 영국 여객선 루시타니아호를 어뢰로 침몰시켰어요. 이 배에는 많은 미국인이 타고 있었지요. 또 독일은 멕시코가 미국을 공격하도록 유도하려 했어요. 미국은 독일에 맞서 전쟁에 참여하기로 했어요.

## 치명적인 가스

염소 폭탄, 독가스(포스젠) 폭탄, 겨자 가스 폭탄이 사용되었어요. 1915~1917년 사이 독일군이 벨기에와 프랑스에서 처음으로 독가스 폭탄을 사용했어요. 적을 질식시키고 불태우기 위해서 말이에요.

## 베르됭 전투와 솜 전투

프랑스 북서쪽 국경에서 전쟁이 멈추었어요. 베르됭 전투와 솜 전투에서 150만 명이 넘는 병사가 목숨을 잃었어요. 연합군이 처음으로 탱크를 사용했거든요.

## 패배한 독일

몇 달간의 집중 공격으로 영국, 프랑스, 미국 등의 연합군은 오스만 제국군을 물리치고, 독일군을 굴복시켰어요. 독일이 휴전을 요청했어요.

**1916년 2월~12월**

**1917년 4월 6일**

**1918년 10월~11월 11일**

**1917년 3월~11월**

**1917년 10월 24일~1918년 11월 4일**

**1919~1920년**

## 러시아 혁명

러시아가 무너지고 있었어요. 노동자와 군인이 봉기하고, 니콜라이 2세가 물러났어요. 러시아에 첫 공화국이 들어섰지요. 하지만 레닌이 이끄는 공산주의 혁명가 집단이 무력으로 권력을 잡았어요. 니콜라이 2세와 가족은 모두 죽임을 당했어요. 러시아는 더 이상 전쟁에 참여하지 않았어요.

## 반격하는 이탈리아

이손초강 근처 카포레토에서 벌어진 12차 이손초 전투에서 이탈리아는 오스트리아와 독일 군대에 완전히 패배했어요. 이탈리아는 피아베강으로 물러나 집요하고 필사적으로 방어했어요. 1918년 가을, 결국 이탈리아는 비토리오 베네토에서 적을 제압하고, 트렌토에서 트리에스테까지 빠르게 진격하여 오스트리아의 항복을 받아냈어요.

## 드디어 평화?

파리에서 평화 회의가 열리면서 오스트리아·헝가리 제국, 독일, 오스만 제국은 비참한 결말을 맞았어요. 가장 타격을 입은 나라는 독일이었어요. 독일인은 마음속 깊이 복수의 열망을 새겼어요. 평화를 지키고 세계 질서를 재건하기 위해 국제 연맹이 만들어졌어요.

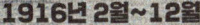

# 1920년대와 1930년대

라디오, 축음기, 영사기, 붐비는 영화관, 거리를 '윙' 하고 지나가는 첫 자동차, 나이트클럽에서 연주하는 재즈 밴드가 있고, 찰스턴과 지르박처럼 구설수 일으키기 좋은 춤이 유행하던 시기예요. 1920년대는 소란하고 탐욕스러운 분위기였어요. 그 뒤 대공황이 찾아왔지요. 이탈리아, 독일, 러시아에서 '전체주의 정권'이 강화되었어요. 그들은 사회 곳곳을 공포로 통제하려 했어요.

### 1919년
### 바이마르 공화국
제1차 세계 대전이 끝나고 독일에서 바이마르 공화국이 탄생했어요. 공화국이 제정한 헌법은 여성에게 투표권을 보장하는 등 매우 진보적이고 민주적이었어요. 하지만 바이마르 공화국은 내분 때문에 허약했어요.

### 1919~1922년
### 무솔리니
전쟁이 끝나고 돌아온 재향 군인이 사회에 복귀하는 데 어려움을 겪었어요. 베니토 무솔리니는 이들을 이용해 파시스트 운동에 활력을 불어넣었어요. 결국 왕은 그에게 수상 자리를 주고 새로운 정부를 세우라는 임무를 맡겼어요. 무솔리니는 몇 해 뒤 이탈리아의 최고 통치자가 되었어요.

### 1924년
### 스탈린
레닌이 사망하고, 스탈린이 공산당을 이끌었어요. 그는 적대 세력을 모두 제거하고 독재를 했어요. 스탈린 시기에 소비에트 연방(소련)은 강력한 군사력과 산업을 갖추게 되었어요.

## 다들 재즈를 원해요
자유로운 리듬, 솔로 연주, 현란한 즉흥 연주가 유행했어요. 뉴올리언스 교외의 흑인 공동체에서 생겨난 재즈는 미국 전역으로 퍼져나갔어요. 재즈는 유럽 음악에도 영향을 미쳤어요.

### 1919~1920년
### 붉은 2년
이탈리아가 2년간 극심한 사회 갈등을 겪었어요. 이 시기를 '붉은 2년'이라고 해요. 유럽에서 노동자와 농부가 권리를 위해 싸웠어요. 러시아 혁명을 계기로 여러 나라에서 혁명의 바람이 불었어요.

**아우성치고 미친 것 같은** 미국의 1920년대가 아우성치듯 시끄러운 분위기였다면, 유독 파리는 미친 듯 열광하는 분위기였어요. 불안한 풍경, 매우 각지거나 지나치게 유연한 인상적인 선, 이상한 소리로 표현하는 아방가르드 예술이 등장했어요. 표현주의, 다다이즘, 초현실주의, 바우하우스 스타일, 미래파, 12음 기법 등 혁신적인 시도가 많았어요.

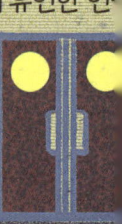

### 1929년
### 주식 시장 붕괴

10월에 미국 뉴욕 주식 거래소에서 주가가 폭락하고 주식 시장이 무너졌어요. 그 뒤 '대공황'이라고 부르는 경제 위기가 몇 년 동안 이어졌어요. 유럽까지 재앙이 닥쳤어요.

### 1931~1937년
### 일본 제국

일본이 영토를 확장하려고 만주를 침략했어요. 일본과 중국은 곧 전쟁을 시작했어요. 1936년에는 러시아에 반대하는 독일과 동맹을 강화했어요.

### 1933년
### 히틀러

독일에서 나치당이 독일 민족을 찬양했어요. 그들은 민주주의와 소수자를 경멸했어요. 나치당이 선거에서 이기자 정당의 우두머리인 아돌프 히틀러가 독일 총리가 되었어요.

### 1936~1939년
### 에스파냐 내전

이탈리아와 독일의 지지를 받는 프란치스코 프랑코가 에스파냐 민족주의자들을 이끌고 반란을 일으켰어요. 에스파냐에서 내전이 벌어졌고, 반란군이 승리했어요.

### 1938~1939년
### 강철 조약

독일 나치가 점점 공격적으로 변했어요. 그들은 오스트리아와 체코슬로바키아를 침공했어요. 1939년에는 이탈리아와 정치 및 군사 협정을 맺었어요. 그 유명한 강철 조약이에요.

전속력으로 1920년대에 컨베이어 시스템을 적용한 포드 모델 T가 생산되었어요. 대량 생산 자동차 산업의 시작이었지요. 자동차는 더 이상 부의 상징이 아니었어요.

# 제2차 세계 대전

1939년부터 1945년까지 불과 6년 사이에, 세계는 가장 끔찍하고 값비싼 전쟁이 벌어지는 극장으로 변했어요. 제2차 세계 대전이 벌어진 거예요. 대서양부터 태평양까지 곳곳에서 이탈리아, 독일, 일본의 추축국과 영국, 프랑스, 러시아, 미국의 연합국이 전투를 치렀어요. 전장의 군인만 싸운 게 아니에요. 도시가 폭격당하고 민간인이 레지스탕스 게릴라전을 벌이는 총력전이 벌어졌어요.

**1939년 9월 1일**
**폴란드 침공**
8월에 독일과 소련이 상호 불가침 조약에 서명했어요. 동유럽을 나누어 가지려는 비밀 협정인 몰로토프·리벤트로프 조약이었어요. 1939년 9월 1일 독일군이 폴란드를 침공했어요. 16일 뒤에는 소련군이 동쪽에서부터 폴란드를 향해 진격했어요.

**1940년 5월 10일~6월 14일**
**기습 공격**
독일군이 네덜란드, 벨기에, 룩셈부르크, 프랑스를 침공했어요. 항공기, 탱크, 기계화 보병 사단을 활용한 기습 공격에 밀려 프랑스는 40일이 채 못 되어 무너졌어요. 독일군이 파리로 들어가 나라를 점령했어요.

**1940년 6월 10일**
**이탈리아 참전**
이탈리아가 추축국 구성원으로 전쟁에 참여했어요. 이탈리아군이 그리스를 공격하자, 독일이 지원군을 보냈어요.

**1940년 6월 10일~1943년 5월 13일**
**사막 전쟁**
항공기, 전차, 장갑차, 낙타 부대가 활약했어요. 이탈리아, 독일 군대가 리비아,

이집트, 튀니지 사막에서 연합군과 충돌했어요.

**1940년 7월 10일~1941년 5월 11일**
**바다사자**
히틀러가 '바다사자' 작전을 시작했어요. 영국 침공을 위한 암호명이었지요. 독일 전투기가 영국 해협을 건너가 해안 도시를 공격했어요. 영국 공군은 공격을 잘 막아냈지요. 그러자 독일 폭격기가 40주 동안 영국 도시 위에 폭탄을 떨어뜨리며 섬멸 작전을 펼쳤어요. 독일 잠수함 유보트는 대서양에서 보급품을 싣고 오는 선박을 침몰시켰어요.

### 1941년 4월 6일~6월 1일
**발칸반도 공격**
이탈리아, 독일, 불가리아 군대가 유고슬라비아를 공격하고, 그리스의 저항을 꺾었어요.

### 1941년 6월 22일~1943년 2월 2일
**바르바로사 작전**
히틀러가 러시아를 공격하기로 했어요. 작전명은 붉은 수염이라는 뜻의 '바르바로사'였어요. 전투는 2년 넘게 이어졌어요. 소련군의 저항과 가혹한 추위 때문에 독일군이 물러났어요.

### 1941년 12월 7일
**태평양 전쟁**
독일, 이탈리아의 압력을 받은 일본이 진주만에 있는 미국 해군 기지를 폭격했어요. 미국은 일본에 선전 포고를 했지요. 일본군이 동남아시아를 침략하고, 오스트레일리아를 공격하고, 태평양의 섬들을 통제했어요. 태평양 전쟁이 시작되었어요.

### 1942년 1월 20일
**강제 수용소**
나치당은 유럽의 유대인을 모두 학살하기로 했어요. 베를린 근교 반제에서 열린 회의에서 유대인을 수용소에 가두고, 강

제 노동을 시키고, 그다음에 학살하는 계획을 세웠어요.

### 1943년 7월 25일~9월 8일
**파시즘의 몰락과 저항**
북아프리카와 러시아에서 추축국이 패배하고, 연합군이 시칠리아에 상륙했어요. 이탈리아에서 파시즘이 몰락하고, 바돌리오 장군이 휴전 문서에 서명했어요. 군대가 무장 해제되고, 남쪽에 이탈리아 정부가 들어섰어요. 독일군은 무솔리니를 탈출시켜 북쪽에 새 국가를 세웠어요. 파시즘에 반대하는 파르티잔(비정규군)이 자유를 위해 싸웠어요.

### 1944년 6월 6일
**노르망디 상륙**
연합군은 독일의 도시에 밤낮으로 폭탄을 투하하며, 프랑스와 벨기에를 되찾을 궁리를 했어요. 연합군은 마침내 프랑스 노르망디에 상륙하여 독일군을 포위했어요.

### 1945년 4월 16일~5월 7일
**독일 항복**
이탈리아가 파르티잔과 연합군에 의해 자유를 찾았어요. 베를린이 연합군 손에 떨어지고, 히틀러는 체포되기 전에 자살했어요. 독일이 항복 문서에 서명했어요.

### 1945년 8월 15일
**핵폭탄**
연합군이 태평양의 섬을 하나씩 되찾았어요. 미국은 일본 히로시마와 나가사키에 핵폭탄을 떨어뜨렸어요. 일본이 항복하고 전쟁이 끝났어요. 이때 우리나라도 일본에서 독립했어요.

# 세계 대전 이후
## 베를린 장벽 해체까지

제2차 세계 대전이 끝나고 서로 대립하는 두 개의 새로운 초강대국이 등장했어요. 바로 미국과 소련이었어요. 큰 변화의 시대였어요. 소비 사회의 탄생과 광범위한 복지의 시대였지요. 또한 '냉전'의 시대이기도 했어요. 군인이 아닌 정치사상, 선전, 간첩 활동, 핵무기와 우주 경쟁으로 겨루는 전쟁이었어요.

### 이탈리아 공화국
전쟁이 끝난 뒤 이탈리아는 전쟁 배상금을 지불하고 일부 식민지를 포기해야 했어요. 이탈리아는 1921년에 첫 자유 선거를 치렀어요. 모든 시민이 투표권을 행사했어요. 헌법을 제정하고, 이탈리아 공화국이 탄생했어요.

**1946~1948년**

**1948년**

### 이스라엘
유대인이 팔레스타인 땅에 이스라엘을 세우는 일에 유엔이 동의했어요. 나치에 의한 유대인 대학살에 영향을 받았지요.

**1948~1949년**

### 차가운 전쟁
미국과 소련이 세계를 지배하기 위해 싸웠어요. 이 두 나라를 중심으로 대립하고 경쟁하는 두 진영이 만들어졌어요. 긴장의 시대이자, 냉전의 시대였어요. 군사력으로 직접 충돌하지 않는 차가운 전쟁이었지요.

**1949년**

### 중화 인민 공화국
중국에서 많은 농민의 지지를 받는 공산주의 세력과 민족주의 세력이 오랜 내전을 치르며 대립했어요. 마오쩌둥이 공산주의자 세력을 통솔하며 권력을 잡았어요. 중화 인민 공화국이 탄생한 거예요.

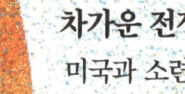

**1945~1947년**

### 두 개로 나누어진 세계
전쟁 끝에 유럽은 승리한 두 초강대국의 '세력 범위'로 나뉘었어요. 소련이 동유럽을 장악하고, 미국은 서유럽 재건을 도왔어요. 평화를 수호하기 위해, 국제 연합(유엔)이 만들어졌어요.

**1950~1964년**

### 한국, 쿠바, 베트남의 전쟁
냉전 때문에 여러 차례에 걸쳐 전쟁이 발생했어요. 1950년에 북한의 공산군이 미국과 동맹을 맺은 남한을 침략했어요. 1962년에 미국과 소련이 쿠바에 설치된 소련 미사일 때문에 충돌했어요. 1964년에는 미국이 베트남 전쟁에 끼어들었어요. 하지만 미국은 이 전쟁에서 졌어요.

## 아프리카의 해
1947년 간디가 이끌었던 인도 독립을 시작으로 탈식민지화가 시작되었어요. 1960년은 아프리카의 해였어요. 아프리카 식민지 17개가 독립했지요. 아프리카의 탈식민지화는 1999년까지 이어졌어요.

## 녹색 혁명
수확량이 높은 유전자를 골라 선별한 옥수수와 밀과 쌀, 화학 비료의 대량 사용, 새로운 기계의 등장으로 일어난 혁명을 말해요. 수백만 명을 먹일 수 있는 놀라운 농업 혁명이었어요. 화학 비료는 환경에 나쁜 영향을 주기도 했어요.

**1957년**
**1960년**

## 작은 유럽
이탈리아, 프랑스, 서독, 벨기에, 네덜란드, 룩셈부르크가 유럽 경제 공동체를 만들었어요. 그들은 핵에너지의 평화로운 사용을 보장하기 위한 조약에 서명했어요.

**1955~1965년쯤**

## 소비 사회
광고판, 텔레비전 선전 문구, 냉장고, 세탁기, 자동차가 등장하고, 텔레비전이 모든 사람의 집 안으로 들어왔어요. 새로운 생활 양식이 서구 사회에 퍼졌어요. 소비 사회가 탄생한 거예요.

## 베를린 장벽
1949년부터 독일은 동독과 서독으로 나뉘었어요. 동독은 소련, 서독은 나토(북대서양 조약 기구) 세력 아래에 있었어요. 베를린은 경계선을 중심으로 둘로 나뉘었어요. 시멘트 장벽이 세워진 곳에 군인이 배치되었어요.

**1961년**

## 우주 경쟁
냉전은 우주 경쟁으로 이어졌어요. 지구 궤도를 비행한 첫 우주선에 탄 첫 우주인은 러시아인이었어요. 1969년 미국인 닐 암스트롱과 버즈 올드린이 아폴로 2호 우주선을 타고 달까지 여행했어요. 암스트롱은 처음으로 달에서 발걸음을 떼었어요.

**1969년**

## 베를린 장벽 붕괴
소련의 고르바초프가 서방 국가와 긴장 관계를 풀었어요. 1989년 중유럽과 동유럽의 나라들이 소련에서 독립하려 시도했고, 공산주의 정부가 무너졌어요. 독일에서는 베를린 장벽이 무너졌어요. 유럽에서 소련이 영향력을 잃었어요.

**1985~1989년**

# 1990년대부터 현재까지

지구가 갑자기 거대한 이웃처럼 되었어요. 세계화의 시대예요. 최신 기술과 자유 무역 덕분에 나라와 나라 사이의 거리가 줄어들고, 국경선이 낮아졌어요. 대규모 난민 행렬, 기후 변화의 위협, 갑작스러운 전염병 등 78억의 인구가 직면해야 할 문제도 세계화되어요.

### 쌍둥이 빌딩 공격

이슬람 테러 단체가 비행기를 납치하여 뉴욕의 세계 무역 센터 쌍둥이 빌딩에 충돌했어요. 다른 한 대는 워싱턴의 국방부 건물에 충돌했어요. 이 비극적인 사건을 계기로 미국은 아프가니스탄과 이란에서 테러에 반대하는 전쟁을 벌였어요.

2001년 9월 11일

### 2008~2013년

### 심각한 경제 위기

미국 월스트리트의 가장 큰 은행인 리먼브러더스가 파산을 선언했어요. 이 일을 시작으로 심각한 경제 위기가 시작되어 전 세계에 영향을 미쳤어요.

### 국제 환경 협약

일본 교토에서 180개 나라가 지구 온난화의 원인이 되는 온실가스와 오염 물질을 줄이자는 조약에 서명했어요.

1997년

### 소련 붕괴

러시아인들이 직접 뽑은 첫 대통령은 보리스 옐친이었어요. 그는 소련 공산당을 해체했어요.

1989~2000년    1991년

### 더욱 결속된 유럽

네덜란드 마스트리흐트에서 12개 나라가 모여 유럽 연합을 만들었어요. 유럽 연합은 세계에서 미국 다음으로 경제력이 강했어요. 2002년 유럽 연합은 유로화라는 단일 화폐를 만들었어요.

### 서아시아 분쟁

1960년대와 1970년대 사이에 서아시아에서 분쟁이 심각해졌어요. 팔레스타인과 이스라엘의 충돌, 아프가니스탄 내전, 제1차 걸프전이 일어났어요. 국제 평화의 수호자로 자처한 미국의 군사 개입이 종종 해당 지역을 더 불안정하게 했어요.

1992~1993년

## 세계는 거대한 이웃

80년대부터 오늘날까지 지구는 사람, 물건, 화폐, 정보가 이동하는 하나의 장소가 되었어요. 인터넷 덕분에 다른 나라와 의사소통이 간단해졌어요. 모두 점점 더 밀접하게 연결되고 있어, 세계가 거대한 하나의 마을처럼 변한 것 같아요.

### 2014년 - 브릭스
세계 경제 위기 이후 브릭스의 영향력이 커졌어요. 브릭스는 2000년대를 전후해 빠른 경제 성장을 거듭한 브라질, 러시아, 인도, 중국, 남아프리카 공화국을 가리켜요.

### 전염병
코로나바이러스감염증-19가 세계 모든 대륙에 퍼졌어요. 악수도, 포옹도 못 하고 모두 마스크를 썼죠. 2020년은 제일 힘든 해였어요.

### 아랍의 봄
서아시아와 북아프리카에서 부패하고 권위적인 정권에 반대하여 폭동이 일어났어요. 이집트, 리비아, 시리아에서 심각한 내전이 벌어졌어요. 몇몇 내전은 아직도 계속되고 있어요.

### 로봇의 시대
중국 광둥성의 공장에서 로봇 1,000대와 직원 60여 명이 매일 휴대폰 수천 대를 생산했어요. 로봇이 노동자를 대신하게 되었어요.

**2010~2012년**

### 2015년 - 미래를 위한 금요일
기온이 높아지고, 빙하가 녹아내리고, 바다의 해수면이 높아져 문제가 되었어요. 유럽과 세계의 학생들이 금요일마다 모여 기후 변화의 주범인 삼림 파괴, 환경 오염, 온실가스 증가에 반대하며 지속 가능한 미래를 촉구했어요.

**2018~2019년**

### 2017년 - 디지털 혁명
검색 엔진, 온라인 쇼핑, 소셜 네트워크, 웹을 통한 정치, 온라인에서 입소문을 얻은 영상을 뜻하는 바이럴 영상, 인터넷에서 모방을 통해 전파되는 문화 요소라는 뜻의 밈이 있어요. 50년도 훨씬 전에 시작된 컴퓨터 혁명은 근본적으로 세계와 사회를 바꾸었어요. 컴퓨터부터 스마트폰까지, 2017년에 인터넷에 연결된 장치는 지구에 사는 인간의 수보다 더 많았어요.

기후를 걱정하는 청소년들

기후를 위한 금요일 등교 거부

미래를 위한 금요일!

# 분야별 역사

**발명품** — 불 150만 년쯤 전

**회화와 조각** — 라스코 동굴 벽화 기원전 17,500년쯤

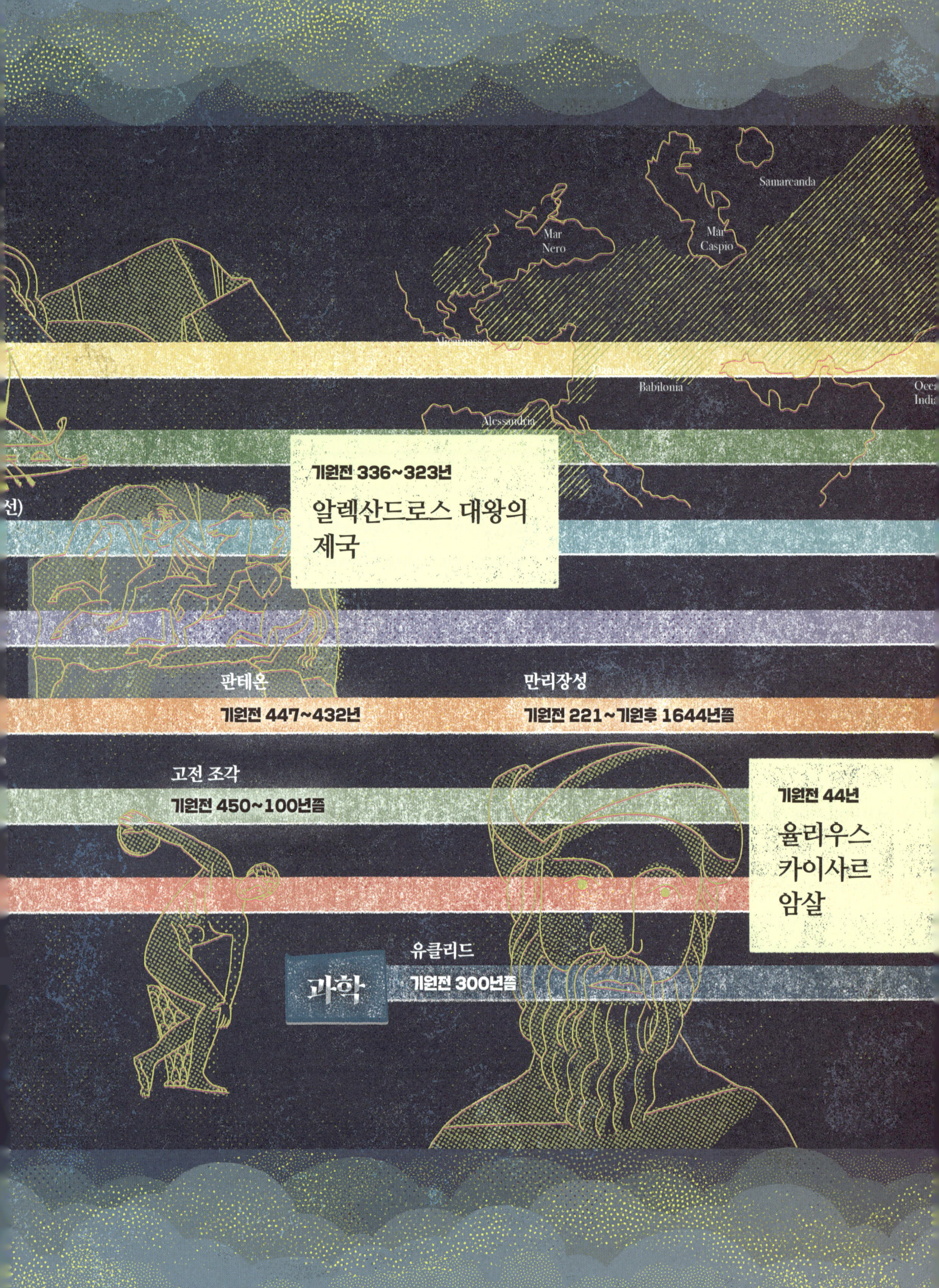

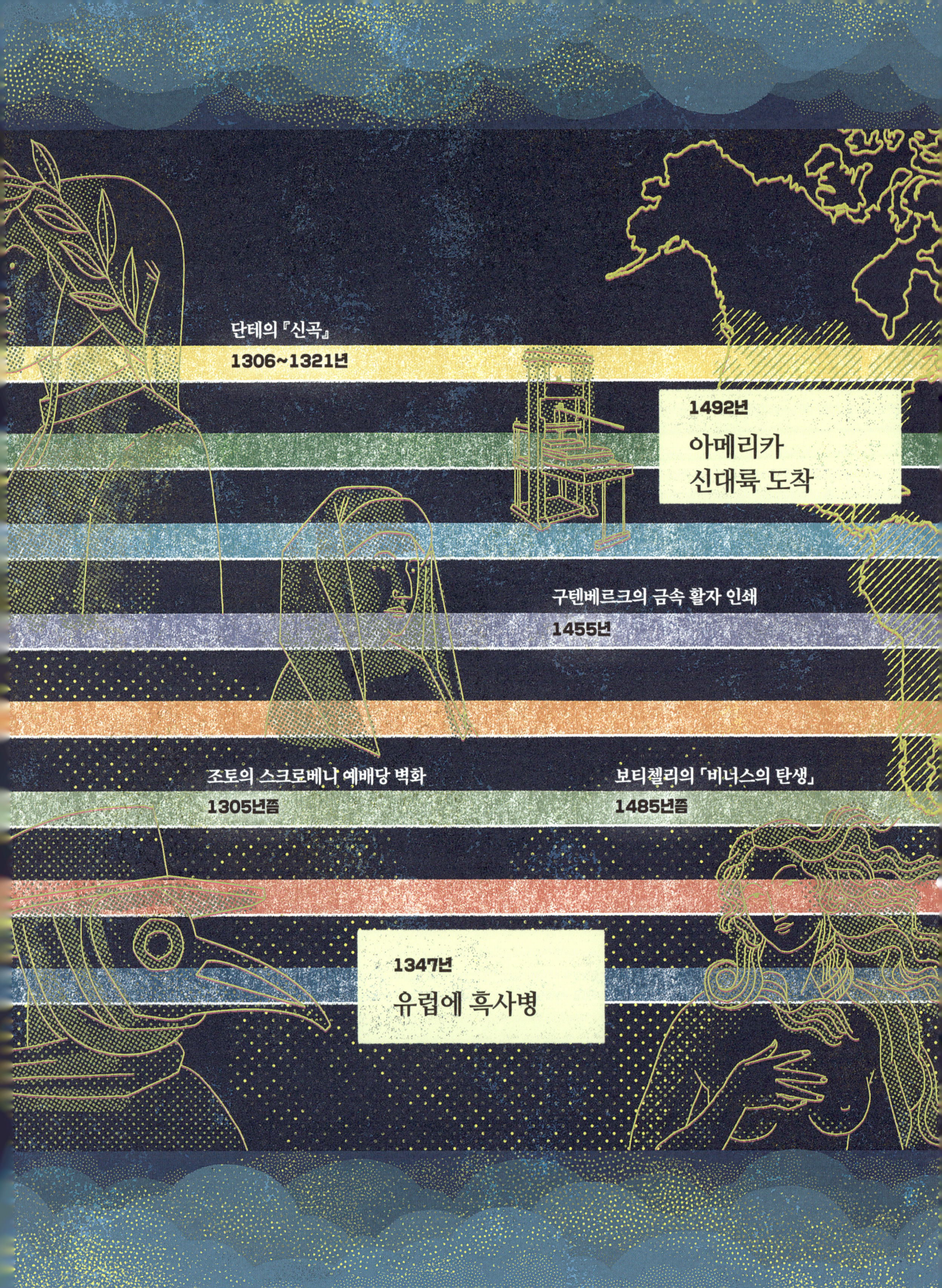

단테의 『신곡』
1306~1321년

1492년
아메리카
신대륙 도착

구텐베르크의 금속 활자 인쇄
1455년

조토의 스크로베니 예배당 벽화
1305년쯤

보티첼리의 「비너스의 탄생」
1485년쯤

1347년
유럽에 흑사병

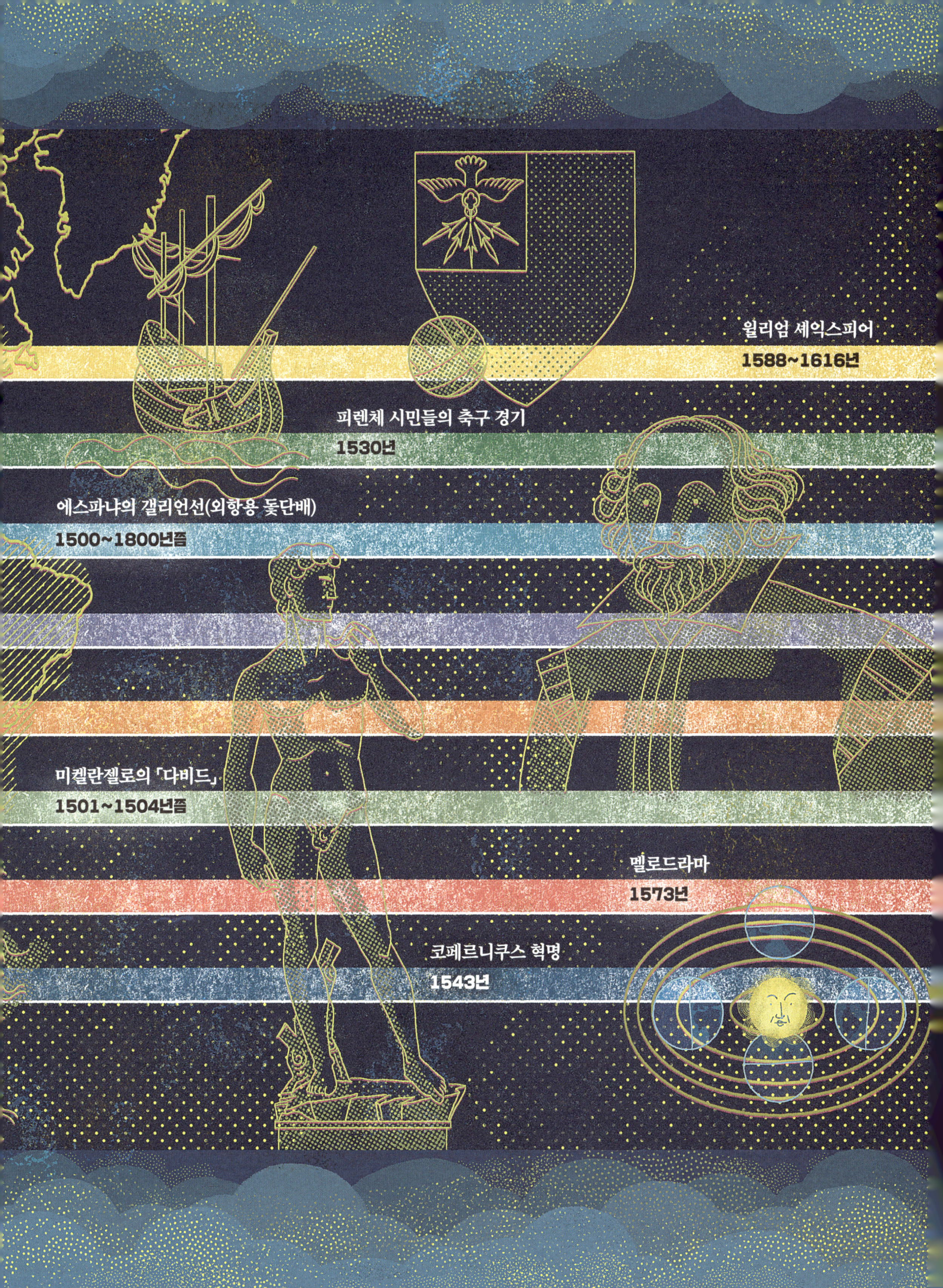

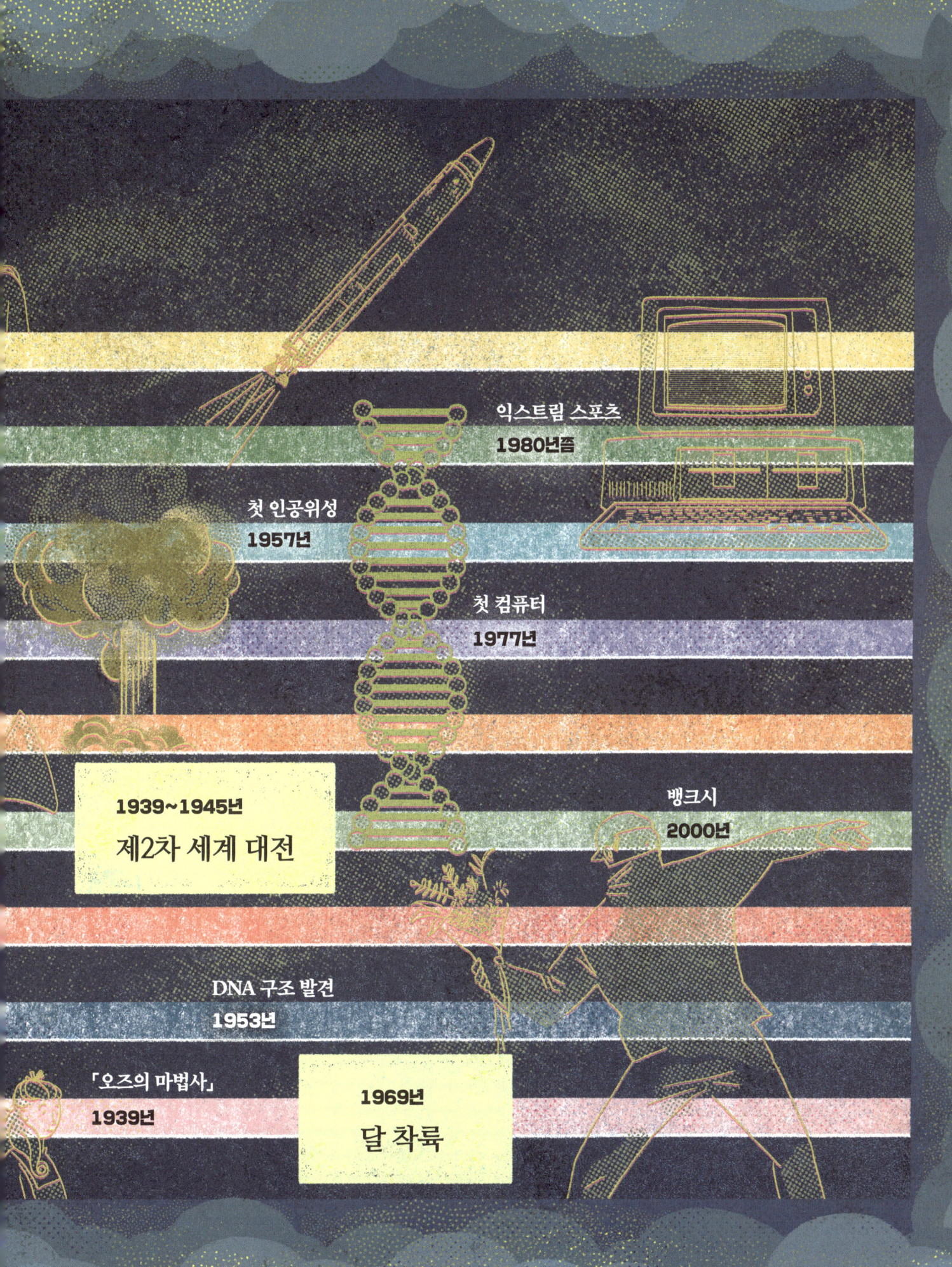

# 문학

인간은 항상 이야기를 전하고 싶었어요. 이야기가 글로 쓰이던 순간에 문학이 탄생했어요.

『길가메시 서사시』 문학 작품에 등장한 첫 영웅은 수메르인이에요. 길가메시라는 사람인데, 12개의 점토판에 설형 문자로 쓰인 서사시의 주인공이지요.

『성경』 여러 권의 책으로 구성된 종교 경전이지만, 위대한 문학 작품이기도 해요. 세계에서 가장 많이 번역되었지요. 유대인과 크리스트교에게 성경은 모든 역사를 담은 이야기예요.

『마하바라타』 사촌끼리 왕이 되기 위해 전쟁을 벌이는 이야기예요. 수많은 부차적인 줄거리가 펼쳐지고, 종교적인 노래와 신성한 계시가 번갈아 가며 적혀 있어요. 『마하바라타』는 인도 최초의 장편 서사시예요.

『일리아스』와 『오디세이아』 각각 트로이 전쟁과 모험 이야기를 담은 고대의 가장 유명한 서사시예요. 지은이는 호메로스인데, 눈이 보이지 않았대요.

**기원전 2200년쯤**     **기원전 10세기부터**     **기원전 4세기부터**     **기원전 750~550년쯤**

---

『서유기』 오승은이 쓴 이 책은 귀중한 불교 경전을 수집하려고 중국에서 인도로 가는 삼장 법사의 여행 이야기예요. 제자인 손오공, 저팔계, 사오정이 삼장 법사를 지켜요.

셰익스피어 고통받는 햄릿, 순진한 오셀로, 사랑에 빠진 로미오와 줄리엣 등 영국인 윌리엄 셰익스피어의 펜에서 유명한 연극의 등장인물이 탄생했어요.

『돈키호테』 서양 최초의 근대 소설로 에스파냐에서 나왔어요. 미겔 데 세르반테스가 과대망상에 빠진 실수투성이 늙은 기사 돈키호테에 대한 소설을 썼어요. 돈키호테는 실패를 운명처럼 무릅써가잤어요.

『빌헬름 마이스터의 수업 시대』 괴테가 연극과 자기 성장, 모험에 열정을 품은 한 젊은이의 이야기를 출간했어요. 역사상 처음으로 주인공의 성장을 다룬 교양 소설이었어요.

연재소설 우여곡절과 엄청난 교양설이 사람이 사랑에 가득한 소설이 유행했어요. 대체로 신문에 실리는 연재소설로 『몽테 크리스토』, 『올리버 트위스트』, 『레 미제라블』, 『삼총사』, 『전쟁과 평화』 등이 있어요.

악몽과 공포 18세기 말에 공포 소설이 등장했어요. 이 장르는 에드거 앨런 포 덕분에 정점에 이르렀지요. 악몽과 공포를 담은 그의 소설은 전율을 불러일으키고, 숨을 헐떡거리게 하고, 불안과 공포를 느끼게 했어요.

**16세기**    **1588~1616년**    **1605~1615년**    **1795~1796년**    **1831년부터**    **1845년**

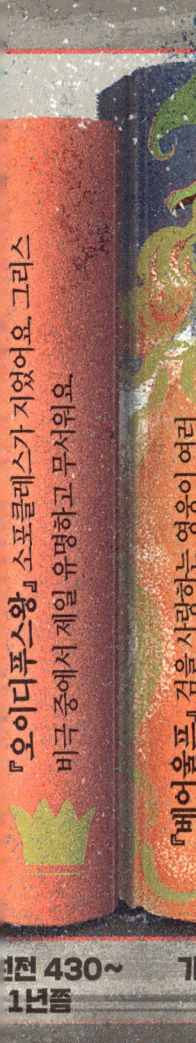

**기사단의 행적** 샤를마뉴의 12기사, 아서왕과 원탁의 기사, 성배를 찾는 파르지팔 등의 이야기가 있어요. 중세 유럽 기사의 공적에 대한 시와 소설로 가득 차 있어요.

『**신곡**』 이탈리아 작가 단테가 쓴 서사시로, 총 100곡이나 돼요. 단테가 죽은 뒤 가는 세계인 지옥, 연옥, 천국을 둘러보는 내용이에요. 중세의 가장 중요한 시로, 이탈리아 작품 중 세계에서 가장 많이 읽혔어요.

## 겐지 이야기

**첫 소설** 『겐지 이야기』는 모험심이 강한 일본 왕자가 주인공인 소설이에요. 궁녀 무라사키 시키부가 쓴 책으로, 역사상 첫 소설이라고 해요.

『오이디푸스왕』 소포클레스가 지었어요. 그리스 비극 중에서 제일 유명하고 무서워요.

『베오울프』 검을 사랑하는 영웅이 여러 괴물과 싸우는 이야기예요. 처음에는 용과 괴물에 관한, 나중에는 불을 뿜는 용과 싸우다 죽는 게르만 문화에서 가장 오래된 영웅 서사시예요.

『아라비안나이트』 아라비아의 페르시아에서 전해지던 민화를 채으로 엮었어요. 작가는 알려지지 않았어요. 수 세기를 지나는 동안 이야기가 더욱 풍성해졌어요. 〈옛날의 신드바드의 모험〉, 〈알라딘〉, 〈알리바바 이야기〉 등이 담겨 있어요.

기원전 430~ | 기원후 700년쯤 | 900~1400년쯤 | 1000년쯤 | 1100~1400년쯤 | 1306~132년
---|---|---|---|---|---
1년쯤 | | | | |

---

**어린이와 청소년을 위한 책** 『이상한 나라의 앨리스』부터 『피노키오』까지 어린이와 청소년을 대상으로 한 책이 나왔어요.

**추리 소설** 스코틀랜드 작가 아서 코난 도일이 셜록 홈스라는 탐정을 만들었어요. 홈스는 소설에 나오는 탐정 중 가장 유명해요.

**공상+과학** 로봇과 은하 제국, 외계인, 타임머신이 등장하는 소설이에요. 이미 19세기 말부터 소설에서 공상과 과학의 만남이 시작되었어요. 공상 과학 소설은 미래에 대해 상상하고, 새로운 유형의 문학을 창조했어요.

**의식의 흐름** 제임스 조이스, 미셸 프루스트, 버지니아 울프, 이탈로 스베보의 작품을 통해 의식의 흐름이 문학에 등장했어요. 생각의 자유로운 흐름, 이미지와 감각의 자유로운 흐름을 글쓰기로 표현하는 소설이에요.

만화 만화 잡지와 만화 소설 작가가 글과 그림을 섞어 작품을 만들었어요. 폭발적으로 읽기를 끄는 걸작이 종종 만들어지곤 있어요.

1864~1883년 | 1887년 | 1909~1927년 | 30년대~50년대 | 60년대부터

# 스포츠

원래 스포츠는 존재하지 않았어요. 지구력과 힘이 생존에 필수적이었기에, 생존을 위한 활동 자체가 스포츠였어요. 고대에 종교 의식이나 축제에서 달리기, 레슬링, 높이뛰기, 창던지기, 수영을 겨루는 엄숙한 경기가 열렸어요. '자유 시간'을 이용해 신체를 단련하고, 지속적으로 자기 향상을 하고, 팀 경기를 하고, 대중들이 구경하는 등 오늘날 우리가 이해하는 스포츠는 19세기에 비로소 시작되었어요.

**기원전 35,000년**
인간이 맹수로부터 도망치려고 달렸어요.

**기원전 2000년쯤**
고대 크레타 사람들이 황소와 결투를 벌이는 투우를 했어요.

**기원전 1600년쯤** 공놀이를 위한 공터가 중앙아메리카와 남아메리카 전역에 지어졌어요. 이 공놀이는 마야, 아스테카, 올멕, 잉카에서 행해진 종교 의식의 일부였어요.

**기원전 1500년쯤**
고대 이집트 사람들이 복싱과 레슬링을 했어요.

**기원전 776년**
역사상 첫 올림픽
그리스에서 역사상 첫 올림픽이 시작되었어요. 제우스 신을 기리기 위해 4년에 한 번씩 열렸으며, 기원전 393년까지 이어졌어요.

**기원전 105년쯤** 로마에서 검투사 경기가 열렸어요.

**기원후 527년**
중국 소림사에서 불교 승려 달마가 심신을 단련하기 위한 무술을 발전시켰어요. '쿵후'로 더 잘 알려진, 우슈라는 무술이 탄생했어요.

**1100~1400년**
중세 사람들이 마상 시합을 했어요.

**1530년**
피렌체 사람들이 축구 경기를 즐겼어요.

스케이트보드,
자전거 스턴트(BMX),
파쿠르, 종합 격투기(MMA),
래프팅, 서핑 같은
익스트림 스포츠가
널리 퍼졌어요.
**1980~현재**

로마에서 첫 장애인 올림픽이 열렸어요.
**1960년**

**1928년** 여성이 올림픽 육상 경기에 참여했어요.

**1924년** 첫 동계 올림픽이 열렸어요.

**1903년** 사이클을 타고 2,428킬로미터를 달리는 투르 드 프랑스 대회가 열렸어요.

**1896년 근대 올림픽**
프랑스 귀족 피에르 드 쿠베르탱이 고대 올림픽 경기를 재현했어요. 그는 스포츠를 통해 젊은이를 교육하고 민족 간의 평화를 증진하기를 기대했어요. 육상, 사이클링, 체조, 레슬링, 수영, 펜싱, 역도, 테니스, 사격 경기가 열렸어요.

**1895년** 배구를 시작했어요.

**1891년** 농구를 시작했어요.

**1888년** 근대 축구를 시작했어요.

**1884~1901년** 탁구를 즐기게 되었어요.

**1882년** 유도를 시작 했어요.

**1874년** 테니스 라켓이 만들어졌어요.

**1868년** 노르웨이 사람들이 폴을 들고 폭이 좁은 스키를 탔어요.

**1867년** 글러브를 끼고 경기하는 복싱 규칙을 정했어요.

**1661년**
루이 14세가 세운 왕립 무용 학교에서 전 무용이 탄생했어요. 육체적 훈련이 필요한 예술적인 춤이었어요.

**1744년** 골프 규칙을 처음 정했어요.

**1845년** 럭비 규칙을 정했어요.

# 교통수단
## 통나무배부터 우주선까지

역사의 처음부터 인간은 필요에 따라 이동했어요. 강과 바다를 건너기 위해, 육지에서 수 킬로미터를 여행하기 위해, 심지어 하늘을 날기 위해 교통수단을 만들었어요.

하늘

### 기원전 4000년쯤
**자유로운 바퀴**
첫 포장도로와 함께 구멍이 뚫린 나무로 첫 바퀴가 만들어졌어요. 바퀴는 아시아, 북아프리카, 유럽으로 퍼졌어요. 기원전 2000년경에는 바큇살이 달린 바퀴가 만들어졌어요.

### 1300~1900년쯤
**마차**
개방형이건 폐쇄형이건, 크기가 크건 작건, 우아하건 단순하건 마차는 모두 네 바퀴가 달렸고, 한 마리 또는 여러 마리의 말이 끌었어요. 마차는 나중에 자동차로 대체되었어요.

### 1783년
**부풀린 커다란 풍선**
프랑스의 몽골피에 형제가 고안한 열기구가 사람을 태우고 처음으로 하늘을 날았어요.

### 1804년
**빠른 속도로 이동한다**
1804년 영국에서 첫 증기 기관차가 만들어졌어요. 오늘날에는 전기 열차, 초전도 자기 부상 열차까지 등장했지요. 9,289킬로미터를 달리는 시베리아 횡단 열차처럼, 기차는 먼 거리를 여행할 때 이용되었어요.

땅

### 기원전 600년쯤
**3단으로 노 젓기**
그리스인과 로마인이 사용한 트리에레스선은 노가 3단으로 배치된 낮은 배였어요.

### 800~1000년쯤
**바다의 용**
바이킹이 무역과 대서양 탐험을 위해 무거운 크노르선을 이용했어요. 약탈을 나갈 때는 무시무시한 용머리로 장식한 길고 날렵한 드라카르선을 선호했어요.

### 1500~1800년쯤
**갤리언선**
대포로 무장하고 커다란 돛을 단 갤리언선은 전함이자 대서양을 횡단하는 탐험선이었어요.

물

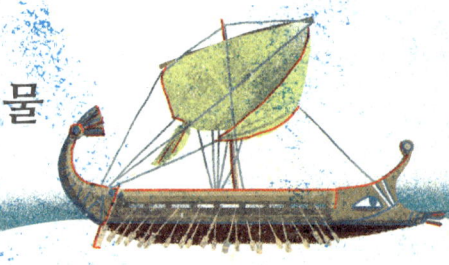

### 기원전 8000년쯤
**원시 카누**
나무통을 파내어 만든 통나무배는 인간이 만든 첫 운송 수단이었어요.

### 기원전 200년쯤
**가벼운 나무**
중국 사람들이 가벼운 대나무 줄기를 묶고 돛을 달아 평평한 배를 만들었어요.

### 1400~1600년쯤
**대양을 횡단하는 배**
포르투갈 사람들이 고안한 카라벨라(캐러벨)선은 유럽 사람들이 처음 대양을 횡단할 때 탄 배예요. 크리스토퍼 콜럼버스는 항해를 떠나기 전 니나, 핀타, 산타마리아라는 이름의 카라벨라선을 만들었어요.

### 1807년
**강의 운송 수단**
19세기에 증기선이 미국의 미시시피강 같은 큰 강을 오르내렸어요.

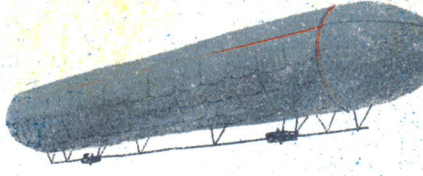

## 1852년
### 체펠린 비행선
프랑스에서 첫 비행선 엔진을 만들었어요. 20세기에는 독일에서 더 튼튼한 걸 만들었어요. 기체가 약하다는 단점이 있었지만, 제1차 세계 대전 전까지 여행에 사용되었어요.

## 1903년
### 새의 비행에서
1800년대에 비행기의 조상이 여러 대 설계되었어요. 1903년에 미국의 라이트 형제가 처음으로 진정한 비행기를 조종했어요. 1952년에는 첫 여객기가 운항했어요.

## 1957년
### 첫 인공위성
처음으로 인공위성을 타고 지구 궤도를 날은 건 러시아인이었어요. 1969년에 미국의 닐 암스트롱과 버즈 올드린이 아폴로 11호를 타고 달까지 여행했어요. 암스트롱은 달 위를 걸은 첫 사람이었어요.

## 1850~1860년쯤
### 두 개의 바퀴를 타고
자전거를 처음 만든 건 독일인이었어요. 하지만 유럽 전역에 퍼진 자전거는 프랑스에서 만들었어요. 앞바퀴는 크고, 뒷바퀴는 작았지요. 1890년대부터 현재와 같은 자전거를 탔어요.

## 1885년
### 전속력으로
독일에서 카를 벤츠가 소형 엔진을 발명하고, 1885년에 이를 이용한 첫 가솔린 엔진 자동차를 만들었어요. 1908년에 미국의 헨리 포드가 포드 모델 T를 만들어 자동차를 대중화했어요.

## 1937년
### 수직 비행
1937년에 독일인 하인리히 포케가 레오나르도 다빈치가 생각했던 헬리콥터의 현대판을 설계했어요.

## 1863년
### 지하철
런던에서 첫 지하철이 개통되었어요. 지하철은 곧 세계의 대도시에 퍼졌어요.

## 1864~1897년
### 물 아래로 이동하기
잠수함은 1800년대 말에 만들어졌는데, 제1차 세계 대전과 제2차 세계 대전에서 그 위력을 드러냈어요. 독일의 유보트가 대표적이에요. 1953년부터는 핵미사일을 발사할 수 있게 되었어요.

## 1894년
### 모터가 달린 두 개의 바퀴
오토바이의 조상은 영국에서 고안되었어요. 하지만 처음 오토바이를 생산하고 판매한 나라는 독일이었지요.

# 발명품
## 불에서 스마트폰까지

인간은 호기심이 많은 동물이에요. 세상을 바라보는 호기심에서 새로운 생각과 물건이 생겨났지요. 오늘날에도 새로운 발명품은 부족하지 않아요.

### 점토
점토, 지푸라기, 조약돌을 반죽하여 불에 구워서 첫 물건을 만들었어요. 기원전 4500년쯤에 점토를 빚을 때 사용하는 돌림판이 발명되었어요. 돌림판이 아시아, 북아프리카, 유럽에 퍼졌어요.

### 자유로운 바퀴
기원전 4000년쯤 처음 발명된 나무 바퀴는 기원전 2000년쯤에 수레바퀴가 되었어요.

### 알파벳 배우기
메소포타미아에서 자음과 모음 체계가 처음 만들어졌어요. 설형 문자였어요. 기원전 1000년쯤 페니키아인들이 첫 알파벳을 만들었어요. 현재의 모든 알파벳은 여기서 나왔어요.

### 불을 이용하다
호모 에렉투스가 불을 사용하는 법을 배웠어요. 인류의 삶이 바뀌었어요. 몸을 데우고, 어둠을 밝히고, 맹수를 쫓고, 새로운 물건을 만들고, 요리할 수 있게 되었어요.

### 첫 번째 동전
그리스 이오니아 식민지와 현재의 터키인 리디아에서 무역에 쓰는 첫 은화 동전이 등장했어요. 기원전 400~350년 사이에 인도와 중국에서도 동전이 만들어졌어요.

### 아이디어 폭발
중국인이 화약을 발명했어요. 유럽인은 화약을 처음으로 전쟁에 사용하고 무기를 만들었어요. 화약 때문에 전쟁 방식이 크게 바뀌었어요.

### 움직이는 활자, 움직이는 생각
독일의 요하네스 구텐베르크가 금속 활자를 이용한 활판 인쇄술을 발명했어요. 책값이 싸져서 사람들이 쉽게 책을 볼 수 있게 되었어요. 한반도에서는 1377년 고려 흥덕사에서 『직지심체요절』을 금속 활자로 인쇄했어요.

## 가상 현실(VR)

첫 가상 현실은 산업을 위한 발명품이었어요. 1991년 비디오 게임을 위해 만들어졌지요. 2016년에 첫 VR 안경이 나왔어요.

**1986년**

## 3차원 인쇄

3차원 입체 인쇄는 80년대에 특허를 얻은 기술이지만, 최근 10년 사이에 크게 진보했어요. 산업 현장뿐만 아니라 가정에서도 쓰이게 되었어요.

**1994년**

## 스마트폰

1994년에 스마트폰이 나왔어요. 처음에는 키패드가 따로 달려 있었지만, 2007년 액정 화면만 있는 스마트폰이 등장하면서 점차 키패드가 사라졌어요.

**1977년**

## 대형 계산기

첫 컴퓨터는 정교한 전자계산기였어요. 방 하나를 다 차지할 정도로 거대했어요. 1977년에 첫 개인용 컴퓨터(PC)가 등장했어요. 1984년부터 애플사가 대중용 컴퓨터를 만들었어요.

## 네트워크

미국에서 컴퓨터를 연결하는 네트워크가 만들어졌어요. 인터넷의 조상이었지요. 1989년에 유럽 입자 물리 연구소(CERN)에서 글로벌 네트워크인 웹이 태어났어요. 1991년에는 모두 웹을 사용하게 되었어요.

**1966년**

**1941년**

## 무선

1896년 굴리엘모 마르코니가 안테나를 이용한 무선 전신 장치로 특허를 냈어요. 1901년에는 대서양을 가로질러 첫 무선 신호를 전송했어요. 먼 거리에서도 무선으로 통신할 수 있게 되었어요.

## 전속력으로

1861년 독일의 니콜라우스 오토가 엔진을 발명했어요. 1885년 카를 벤츠가 첫 가솔린 자동차를 만들었어요. 1908년 미국의 헨리 포드는 대중을 위한 자동차를 만들었어요.

**1896년**

## 찌릿한 새 소식

알레산드로 볼타가 전기 에너지를 만드는 전지를 발명했어요. 미국의 토머스 에디슨은 전기 에너지로 빛을 밝히는 전구를 만들었어요.

## 면역

프랑스의 루이 파스퇴르가 백신 기술을 발견했어요. 1885년 당시 인간에게 치명적인 질병이었던 광견병에 대한 첫 백신을 만들었어요.

**1885년**

**1799~1879년**

**1854~1876년**

**1861년**

**1869년**

## 사방이 증기

스코틀랜드의 제임스 와트가 증기 기관을 발명했어요. 증기의 열에너지가 피스톤을 움직이는 원리였어요. 산업 혁명의 길을 열어 준 발명품이었어요.

**1765~1776년**

## 여보세요?

1854년에 이탈리아의 안토니오 메우치가 전화기를 발명했어요. 미국의 알렉산더 그레이엄 벨도 전화기를 만들어 1876년에 특허를 냈어요.

## 플라스틱 세상

성공한 첫 플라스틱 물질은 셀룰로이드였어요. 1869년에 식물성 원료로 만들어졌지요. 1920년대부터 석유에서 추출한 재료로 만든 플라스틱이 엄청나게 많이 만들어졌어요.

89

# 건축
## 피라미드부터 초고층 빌딩까지

시간이 흐르는 동안 눈부신 건축물이 세워졌어요. 아시아부터 유럽까지, 아프리카부터 아메리카까지, 문화와 종교의 상징으로, 세계의 유산이자 인간 독창성의 증거가 될 눈부신 건축물이 들어섰어요.

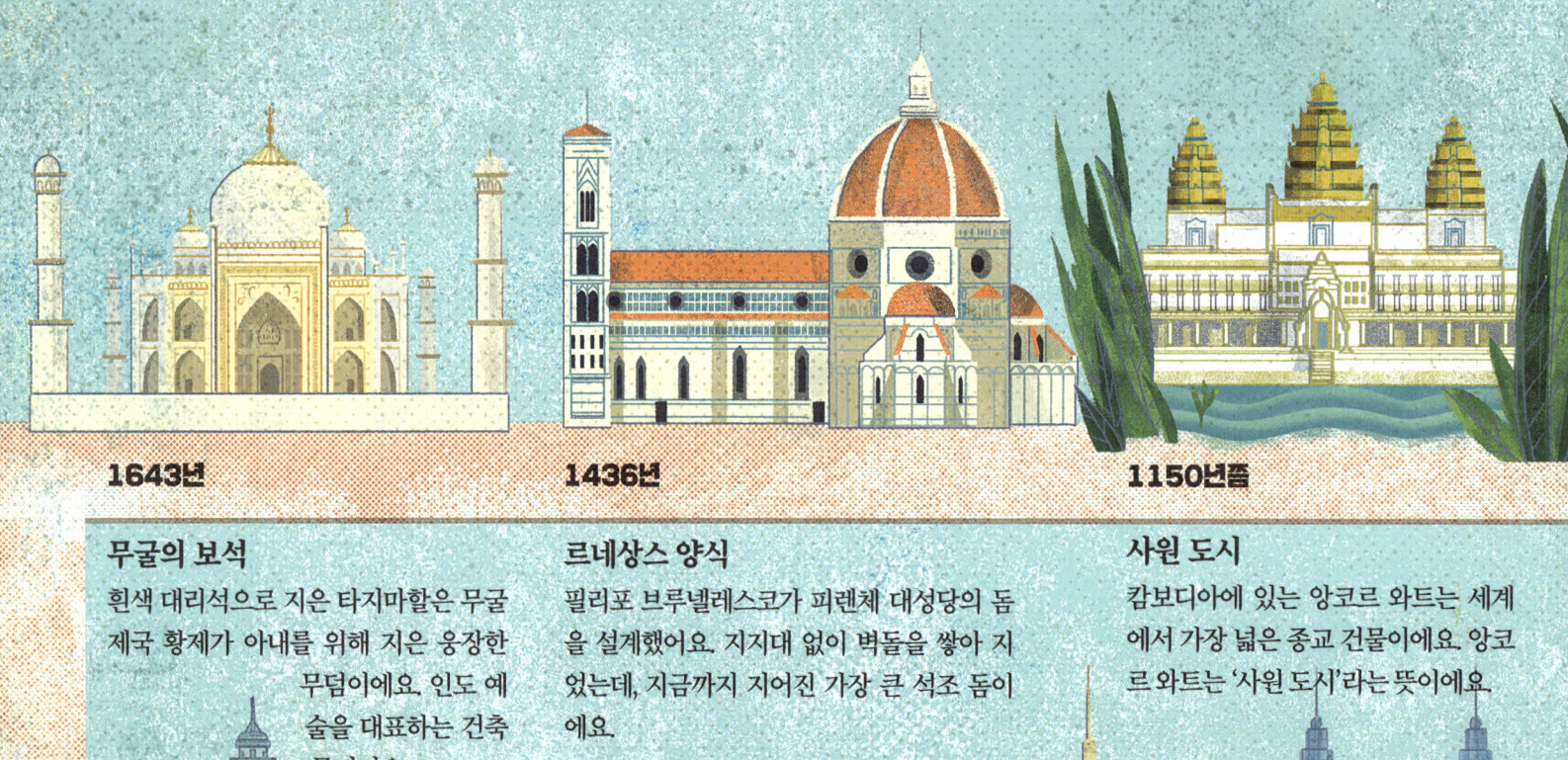

**1643년**

**무굴의 보석**
흰색 대리석으로 지은 타지마할은 무굴 제국 황제가 아내를 위해 지은 웅장한 무덤이에요. 인도 예술을 대표하는 건축물이지요.

**1436년**

**르네상스 양식**
필리포 브루넬레스코가 피렌체 대성당의 돔을 설계했어요. 지지대 없이 벽돌을 쌓아 지었는데, 지금까지 지어진 가장 큰 석조 돔이에요.

**1150년쯤**

**사원 도시**
캄보디아에 있는 앙코르 와트는 세계에서 가장 넓은 종교 건물이에요. 앙코르 와트는 '사원 도시'라는 뜻이에요.

**1889년**

**철탑**
구스타프 에펠이 설계한 에펠 탑은 높이가 324미터며 철로 만들어졌어요. 프랑스 벨 에포크의 상징이지요.

**1907년**

**점토 사원**
말리의 수도 젠네의 옛 모스크가 있던 자리에 커다란 모스크가 다시 세워졌어요. 태양에 말린 점토 벽돌로 지은 건물 중 가장 커요.

**1931년**

**강철 거인**
뉴욕의 엠파이어 스테이트 빌딩은 높이가 443.2미터로, 한동안 세계에서 가장 높은 건물이었어요.

**1996년**

**트윈타워**
말레이시아의 페트로나스 트윈 타워는 높이 451.9미터로 당시 세계에서 가장 높은 건물이었어요.

**기원전 2560년쯤**

**기원전 447~432년**

**기원전 200년쯤**

**기원전 200년쯤~기원후 800년**

### 멋진 이집트
쿠푸왕의 피라미드(대피라미드)는 고대 세계 7대 불가사의 중 하나예요. 높이가 138미터나 돼요.

### 그리스 고전주의
아테네 가장 높은 곳에 아크로폴리스가 있어요. 이곳에 파르테논 신전이 세워졌어요.

### 점토 벽돌 성채
현재 이란에 남아 있는 성채 '밤'은 고대에 실크로드의 중심지였어요. 태양에 말린 점토 벽돌로 지은 건축물 중 가장 크지요.

### 거대한 계단
촐룰라에는 계단 모양의 거대한 피라미드가 있어요. 깃털 달린 뱀신 케찰코아틀을 위해 세운 사원이에요.

**532~1600년쯤**

**80년**

**기원전 221년쯤~기원후 1644년**

### 지혜의 집
콘스탄티노폴리스의 성 소피아 대성당은 당시 세계에서 제일 컸어요. 오스만 제국이 지배할 때는 모스크(이슬람 회당)로 변했지요. 소피아는 '신성한 지혜'를 뜻해요.

### 황제가 제공하는 공연
검투사 대결이 벌어지고, 물을 가득 채워 모의 해전을 벌이기도 했던 콜로세움(원형 경기장)은 로마 제국의 상징 중 하나예요.

### 만리장성(완리창청)
만리장성은 외적을 막기 위해 세웠는데, 길이가 21,196킬로미터나 돼요. 세계에서 가장 긴 건축물이지요.

**진행 중**

**진행 중**

**진행 중**

### 킬로미터의 높이
사우디아라비아의 제다에서 짓고 있는 제다 타워는 현재 세계에서 제일 높은 건물이에요. 높이가 1킬로미터가 넘어요.

### 회전하는 탑
2008년 설계된 두바이의 다이내믹 타워는 자체 생산한 녹색 에너지로 회전하는 첫 건물이 될 거예요.

### 미완성의 아름다움
1883년 안토니오 가우디가 자연 형태에서 영감을 받아 설계한 사그라다 파밀리아 성당은 아직도 짓는 중이에요. 미완성 건축물 중 가장 유명해요.

# 회화와 조각
## 선사 시대 조각부터 그라피티까지

인간은 구석기 시대부터 조각하고 그림을 그렸어요. 그 뒤 시간이 흐르면서 전 세계의 사람들이 자신의 생각, 믿음, 감정을 담아 다양한 기술과 재료로 창조 작업을 했어요.

### 기원전 23,000년쯤
### 선사 시대 조각
오스트리아 빌렌도르프에서 발견된 비너스 조각상은 높이가 11센티미터로, 대지의 여신을 표현했어요. 선사 시대에 이미 예술이 존재했다는 걸 보여 주는 증거예요.

### 기원전 17,500년쯤
### 바위 캔버스
바위에 들소, 말, 사람, 추상적인 그림을 그렸어요. 검은색, 붉은색, 노란색 물감을 사용했지요. 프랑스 라스코 동굴에 그려진 구석기 시대의 바위그림이에요. 선사 시대에 이미 인간이 그림을 그렸다는 증거예요.

### 기원전 3100~30년쯤
### 매혹적인 실루엣
작은 조각상부터 스핑크스와 파라오 조각상 같은 거대한 작품까지, 이집트 예술은 매우 엄격한 규칙을 따랐어요. 사람 그림은 정면과 측면 모습이 함께 있었어요.

### 기원전 209년쯤
### 테라코타 병사
점토를 구워 만든 10,000여 개의 전차, 말, 병사가 군대를 이루었어요. 중국의 시황제가 함께 무덤으로 데리고 간 군대였어요.

### 기원전 450~100년쯤
### 대리석 조각상
청동이나 대리석으로 만들고 색칠도 한 그리스 조각상은 고대에 이미 유명했어요. 오늘날에도 리아체 청동상, 밀로의 비너스 조각상, 승리의 여신인 니케 조각상은 모르는 사람이 드물 정도로 유명하지요.

### 1250~1500년쯤
### 폴리네시아 조각상
이스터섬에 있는 900개가 넘는 모아이는 응회암으로 얼굴 모양을 조각한 거예요.

### 1305년쯤
### 프레스코 회화
크레타와 로마 사람들의 벽화 기술 덕분에 교회 벽과 천장이 화려하게 장식되었어요. 바로 프레스코화예요. 이탈리아 파도바의 스크로베니 예배당에 조토가 프레스코화를 그렸어요.

### 1485년쯤
### 르네상스적 조화
산드로 보티첼리가 「비너스의 탄생」을 그렸어요. 고대 신화의 재발견과 새롭게 탄생한 사상이 르네상스적 조화를 이루는 그림이에요.

### 1501~1504년쯤
**르네상스의 힘**
미켈란젤로는 대리석 한 덩어리를 쪼아 『성경』의 영웅 다비드(다윗)를 조각했어요. 골리앗에게 새총으로 돌멩이를 쏘기 직전의 모습을 표현했지요. 인간의 독창성과 힘을 상징하는 조각상이에요.

### 1860~1890년쯤
**인상파**
햇빛과 그늘이 조화를 이룬 야외 풍경을 그림으로 옮겼어요. 인상주의가 탄생한 거예요. 르누아르의 「물랭 드 라 갈레트의 무도회」부터 모네의 「수련」까지 멋진 작품이 탄생했어요.

### 1881~1890년
**고뇌에 찬 색**
고흐는 화려한 색상을 사용하여 붓놀림을 보여 주는 걸 좋아했어요. 「해바라기」부터 「별이 빛나는 밤」까지, 약 10년에 걸쳐 강렬하고 고뇌에 찬 그림을 많이 그렸어요.

### 1890~1950년쯤
**아방가르드**
뭉크의 가슴 먹먹한 「절규」부터 입체파 화가 피카소의 「게르니카」까지, 20세기는 혁신의 시대였어요. 회화에서 아방가르드가 등장했어요.

### 1925~1954년
**초현실주의 회화**
프리다 칼로는 멕시코 화가예요. 칼로의 그림과 자화상은 현실, 환상, 멕시코 전통문화가 뒤얽혀 있어요.

### 1902년
**현대 인간**
「생각하는 사람」은 오귀스트 로댕의 청동 조각상이에요. 현대 인간의 생각하는 힘을 표현했어요. 이 작품은 28가지 버전이 있어요.

### 1950~1990년쯤
**혁명**
앤디 워홀의 팝 아트(대중예술), 키스 해링의 그라피티(낙서 예술) 등 새로운 회화가 나타났어요. 슈퍼마켓 선반의 캔에 그림을 그리고, 거리 곳곳에 낙서하듯 표현했지요.

### 2000년쯤~현재
**얼굴 없는 예술가**
뱅크시가 누구인지 아무도 몰라요. 그는 스프레이와 스텐실로 무장한 화가예요. 그의 작품은 전 세계의 담벼락에 그려져 있어요.

# 음악

연주가, 작곡가, 가수, 음악가에 대해 살펴보아요. 말이 되기 전에 소리는 음악이었어요. 역사적으로 각 민족이나 문명은 모두 고유한 음악을 만들고 즐겼어요.

## 선사 시대의 소리

선사 시대 사람들이 갈대, 독수리 뼈, 곰 뼈, 매머드 엄니로 만든 피리를 연주했어요. 손으로 땅바닥을 두드리고, 발을 구르며 대지의 음악을 연주하기도 했지요. 노래하며 휘파람을 불고 고함을 치기도 했어요. 선사 시대 음악은 원시적이고 신비했어요.

**기원전 35,000~3,000년쯤**

## 노래하며 암송하기

피렌체에서 르네상스 귀족이 '노래하며 시를 암송하는' 방식을 만들었어요. 현대 오페라의 할아버지뻘인 음악극이 탄생한 거예요.

## 중세 음계

중세 음계에는 우토, 레, 미, 파, 솔, 라가 있었어요. 우토는 나중에 '도'가 되었지요. 오선과 음표도 생겨났어요. 현대의 악보는 「그레고리오 성가」 같은 크리스트교 합창 덕분에 생겨났어요.

**1573년**

**750~1400년쯤**

**기원전 800년쯤**

## 고대 인도 음악의 선율

『베다』와 『우파니샤드』 같은 힌두교 경전에서 인도의 고전 음악 선율인 '라가'가 발견되었어요.

**기원전 550~300년쯤**

## 뮤즈의 예술

그리스인에게 음악 즉 '뮤직'은, 뮤즈의 예술이었어요. 뮤즈는 예술을 보호하는 여신이에요. 철학자들은 소리의 본성을 연구하면 우주를 더 잘 이해할 수 있을 거로 생각하여, 뮤즈에 관심을 기울였어요.

**기원후 230~730년쯤**

## 동양 멜로디

아시아에 새로운 음악 형태가 나타났어요. 인도네시아에서 금속제 타악기로 전통 오케스트라 가믈란을 연주하고, 일본 궁정에서는 전통 음악 가가쿠를 즐겼으며, 중국에서 비파를 연주했지요.

## 바로크 음악

오르간, 하프시코드, 류트, 기타, 바이올린이 연주되었어요. 음악은 더 이상 교회와 궁정에서만 연주되지 않았어요. 콘체르토와 교향곡이 생겨났어요. 비발디와 바흐의 시대였어요.

**1600~1750년쯤**

## 클래식 중 가장 클래식

모차르트, 베토벤, 쇼팽, 파가니니, 슈베르트, 슈만, 베르디, 푸치니, 차이콥스키, 바그너의 시대예요. 클래식 음악의 거장들이 가장 멋진 교향곡, 오페라, 콘체르토, 소나타를 작곡했어요.

**1750~1900년쯤**

## 즉흥 연주합시다!

미국에서 대중의 영혼에 새로운 열정을 불러일으키는 음악이 나타났어요. 북적거리는 나이트클럽에서 재즈와 블루스 연주자가 즉흥 연주를 했어요. 악보를 넘나들며 멋진 공동 연주를 선보이기도 했지요.

**1930~1970년쯤**

## 12음 기법

작곡가들은 불협화음일지라도 소리를 구성하고 섞으며 새로운 방식을 궁리했어요. 그렇게 12음 기법이 생겨났어요.

**1900~1940년쯤**

## 록부터 팝까지

굉음을 내는 전자 기타, 둥둥 울리는 베이스, 질주하듯 연주하는 건반이 있어요. 전자 악기의 시대예요. 모두 반항적이고 화려한 노래를 작곡해 연주했어요. 그들은 방송과 판매량에서 대성공을 거두었지요.

**1950~현재**

## 랩

반항적인 음악인 랩과 함께 랩 배틀, 브레이크 댄스, 그라피티 등 힙합 문화가 미국에서 세계로 퍼졌어요.

**1970~현재**

95

# 과학 화학, 생물학, 수학, 물리학

## 화학

**1100~1600년쯤**
### 연금술사
중세 유럽에서 신비한 연금술사가 금속을 금으로 바꿀 수 있는 '철학자의 돌'을 만들려고 고심했어요. 재료의 형태를 바꾸는 일은 스스로 더 나은 존재로 변화하고, 자연의 비밀을 알아내려는 방안이었어요.

**1789년**
### 모두 변형될 뿐!
프랑스의 앙투안 라부아지에가 산소를 발견하고, 화학 원소 목록을 편집했어요. 그는 첫 근대 화학 교과서 『화학 원론』에서 질량 보존의 법칙을 확립했어요. 화학 반응 과정에서 아무것도 새로 만들어지지도 파괴되지도 않으며 변형될 뿐이라는 법칙이에요.

## 생물학

**1676년**
### 작은 것을 크게
1668년 네덜란드 안경 제조사가 발명한 현미경은, 안톤 판 레이우엔훅에 의해 향상되었어요. 레이우엔훅은 현미경을 이용해 처음으로 박테리아를 관찰했어요.

## 수학

**기원전 300년쯤**
### 기하학!
고대그리스 수학자 유클리드는 기하학과 산술학을 엄밀하게 증명하기 위해 일련의 규칙을 탐구했어요. 그의 연구는 고대 수학에서 가장 중요했어요.

**820년쯤**
### 0부터 9까지
페르시아 수학자 알콰리즈미는 수학 계산에서 인도의 수 체계를 따랐어요. 우리가 현재 사용하는 0부터 9까지의 열 개 숫자를 사용하는 방식이에요. 인도-아라비아 숫자는 곧 유럽으로 전해졌어요.

**1637~1711년**
### 계산 혁명
데카르트는 해석 기하학의 토대를 만들었어요. 파스칼은 확률 이론의 기초를 다졌어요. 뉴턴과 라이프니츠는 수학적 분석의 기초인 미적분학의 토대를 닦았어요.

## 물리학

**기원전 250년쯤**
### 유레카!
그리스인에게 물리학은 물질과 자연 현상을 연구하는 것이었어요. 철학자와 과학자가 이 학문에 전념했어요. 아르키메데스는 고대에 가장 위대한 과학자였어요. 그는 부력의 원리를 공식화했어요.

**1543~1687년**
### 과학 혁명
근대 과학의 기수인 세 사람이 있어요. 폴란드의 코페르니쿠스, 이탈리아의 갈릴레이, 영국의 뉴턴이에요. 코페르니쿠스는 지구가 태양 둘레를 돌고 있으며 그 반대가 아니라는 사실을 수학적으로 증명했어요. 갈릴레이와 뉴턴은 실험을 통해 각각 역학과 중력의 법칙을 설명했어요.

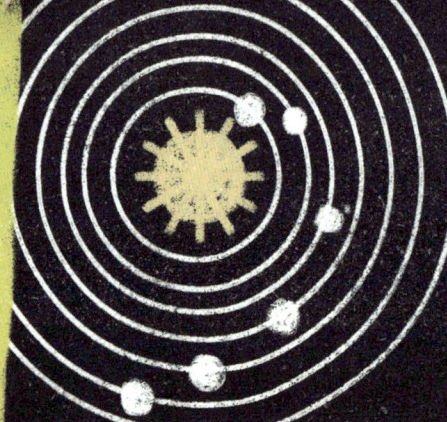

관찰, 기록, 실험 정리, 증명 등을 통해 사람들은 수 세기 동안 물질, 에너지, 생물의 가장 깊은 곳에 감추어진 비밀을 탐구했어요. 오늘날 우리는 이미 많은 것을 알고 있지만, 아직 발견할 것이 많아요.

### 1803년
**눈에 보이지 않는 입자**
영국 화학자 존 돌턴이 물질은 더 이상 쪼갤 수 없는 작은 입자로 구성된다는 이론인 원자설을 자세히 설명했어요. 20세기 초에 러더퍼드와 보어가 전자가 원자핵의 주위를 도는 원자 모형을 제시했어요.

### 1869년
**세상의 모든 원소**
러시아 화학자 드미트리 멘델레예프가 당시까지 알려진 원소를 원자량 순서로 배열하여 주기율표를 만들었어요. 표의 빈 곳에 해당하는 원소 중 일부는 최근에야 발견되었어요.

### 1838~1839년
**작은 세포**
슐라이덴과 슈반이 식물과 동물이 세포로 이루어졌다는 걸 발견했어요. 그 전에 로버트 훅이 이미 세포를 관찰하여 '셀'이라는 이름을 붙여 두었지요.

### 1859년
**진화론**
찰스 다윈이 『종의 기원』이라는 책을 출판했어요. 다윈은 책에서 자연 선택과 진화론을 설명했어요. 환경에 가장 적합한 특성을 가진 개체가 생존하여 후손에게 그 특징을 물려준다는 이론이에요.

### 1953년
**이중 나선**
왓슨과 크릭이 모든 생명체의 유전 정보를 담은 유전자(DNA)의 이중 나선 구조를 밝혀냈어요.

### 1866년
**유전학**
수도원 정원에서 그레고어 멘델이 완두콩을 키워 교배했어요. 그는 완두콩의 색깔, 크기, 형태 같은 특징이 어떻게 세대를 거쳐 전달되는지 연구했어요. 유전학 연구의 시작이었어요.

### 1900년
**수학 문제**
다비트 힐베르트가 파리에서 열린 세계 수학자 대회에서 20세기에 풀어야 할 문제 23개를 제시했어요. 이 중 몇 가지는 아직도 해결하지 못했어요.

### 1972~현재
**유전자 공학**
DNA 조작으로 만든 약품과 백신, 유전자 지도, 의료용 나노 기기 등 생물학의 최근 연구는 인류에게 새로운 이익을 제공할 뿐 아니라, 중대한 윤리적 문제도 제기해요.

### 1905~1915년
**우주와 시간의 비밀**
독일의 알베르트 아인슈타인은 중력이 공간과 시간을 변형시키고 구부린다는 걸 추측했어요. 그는 어떻게 공간과 시간이 서로 깊이 얽혀 있는지 설명했어요.

### 2012년
**모든 것을 보유한 미립자**
쿼크, 양성자, 중성자, 전자 같은 모든 소립자에 질량을 부여하는 힉스 입자가 발견되었어요. 이것에 '신의 소립자'라는 별명이 붙었어요.

# 사진과 영화

19세기 초에 빛으로 이미지를 기록하는 예술인 사진이 생겼어요. 우리 주변을 둘러싸고 있는 것을 바라보고 이해하는 방식을 바꾸게 된 발명이었어요. 20세기 초반에는 사진이 살아 있는 것처럼 움직이는 마법처럼 놀라운 일이 생겼어요. 바로 영화가 탄생한 거예요.

### 1902년
**특별한 효과**
연극배우이자 마술사인 조르주 멜리에스가 직접 스토리보드를 짜고, 특수 효과를 적용하여 영화를 만들었어요. 유명한 영화 「달나라 여행」이에요.

### 1895년
**뤼미에르 형제**
프랑스의 뤼미에르 형제가 영화를 발명했어요. 이미지를 촬영하고 투사할 수 있는 도구를 발명한 거예요. 그들은 관객에게 입장료를 받고 단편 영화 10편을 상영했어요.

### 1889~1897년
**움직이는 이미지**
토머스 에디슨이 활동 사진 영사기를 만들었어요. 한 번에 한 사람에게만 영상을 보여 줄 수 있는 상자 모양 기계였어요.

### 1888년
**사진기, 영화, 롤 필름**
코닥사가 종이 롤름 사진기를 만들어 팔았어요. 사진이 대중화되었어요.

### 1908년
**애니메이션**
에밀 콜이 역사상 첫 애니메이션 영화 「팡타스마고리」를 만들었어요. 상영 시간은 1분 40초였어요. 20년 뒤 월트 디즈니가 애니메이션 영화를 만들었어요.

### 1911~1916년
**블록버스터**
엑스트라 10여 명, 인상적인 장면, 화려한 의상 등을 갖춘 첫 블록버스터 영화가 등장했어요. 상영 시간이 두세 시간쯤 되는 돈이 꽤 들어간 영화였어요. 할리우드가 세계 영화 산업의 중심지가 되었어요.

### 1920~1990년쯤
**사진의 진화**
보도 사진, 예술 사진, 광고 포스터, 풍경 사진, 의료용 엑스레이 등 사진이 새로운 용도와 목적에 쓰였어요. 카메라도 진화했지요.

### 1927년
**소리 나는 영화**
당시 영화는 소리 없이 영상만 나오는 무성 영화였어요. 중간중간 자막을 통해 화면에서 벌어지는 상황을 설명했지요. 피아니스트와 오케스트라가 영화 상영에 맞춰 효과 음악을 직접 연주했어요. 1927년에 첫 유성 영화 「재즈 싱어」가 상영되었어요.

### 1826년
**빛의 기록**
흑백 지붕이 보이는 풍경! 프랑스의 조제프 니세포르 니엡스가 빛에 8시간 동안이나 노출해서 역사상 첫 사진을 찍어 남겼어요.

### 1839년
**다게레오타이프**
프랑스의 루이 다게르가 니엡스 카메라의 완성도를 높여 다게레오타이프 카메라를 만들었어요. 이 카메라는 은판을 이용해 훨씬 빨리 사진을 촬영했어요.

### 1841년
**복사하는 사진**
영국의 윌리엄 탤벗이 반전용 인화 필름인 사진 원판을 발명했어요. 이 원판으로 사진을 찍어, 수많은 복사본을 뽑을 수 있었어요.

### 1877~1882년
**소총형 사진기**
에드워드 마이브리지가 말의 질주를 연구하기 위해 움직임을 찍는 사진을 실험했어요. 에티엔 쥘 마레는 빠르게 사진을 촬영할 수 있는 소총형 사진기를 만들었어요.

### 1861~1869년
**컬러 사진**
물리학자 제임스 맥스웰이 빨간색, 초록색, 파란색 필터를 끼워 촬영해서 첫 컬러 사진을 남겼어요. 루이 뒤코 뒤 오롱이 이 아이디어를 더 발전시켰어요.

### 1935~1939년
**컬러 영화**
영화관에 컬러 영화가 등장했어요. 「베키 샤프」, 「오즈의 마법사」, 「바람과 함께 사라지다」 같은 영화가 상영되었어요.

### 1939~현재
**일곱 번째 예술**
선전 영화, 전위 영화, 작가 영화 등, 온갖 영화가 전 세계에 퍼졌어요. 영화는 다양한 용도에 가장 적합했어요. 훌륭하고 천재적인 영화감독들이 등장한 덕분에 영화는 '일곱 번째 예술'이 되었어요.

### 1991년
**디지털카메라**
상점에서 처음 디지털카메라가 팔리기 시작했어요. 사진은 필름이 아니라 전자 데이터로 저장되었어요.

### 2000~현재
**사진 마니아**
2000년에 디지털카메라가 장착된 휴대폰이 등장했어요. 2007년에는 스마트폰이 등장했지요. 자기 자신과 주변 모습을 사진으로 찍고, 사진을 편집하여 소셜 네트워크에 공유하는 일이 일상이 되었어요.

# 인간의 탐험과 도전, 그리고 다시 일어서는 힘

인간은 시간의 흐름 속에 좋든 나쁘든 흔적을 남기며 진보했어요. 진보는 두 가지 특징을 항상 옆에 달고 진행되었어요. 선택의 순간에 성공과 실패를 결정한 건 이러한 특징들이죠.

첫 번째 특징은 새로운 걸 탐색하려는 선천적 성향이에요. 이미 10만 년 전에 새로운 영역에 대한 끊임없는 탐색이 시작되었어요. 호모 사피엔스가 조상의 땅인 아프리카를 떠나려고 결정할 때였어요. 물론 이런 성향은 더 큰 재화를 차지하고 이용하려는 타고난 정복 욕구와 종의 연속성을 보장하기 위해 더 유리한 조건을 찾으려는 생존 본능에서 생겨났어요.

지식에 대한 타고난 욕구도 있었어요. 호모 사피엔스는 지능과 기술 덕분에 당대의 탐험가가 되었어요. 사냥에 더 적절하고 효과적인 새로운 도구를 찾고, 음식을 편리하게 구하기 위해 물 위에 기둥을 세워 거주지를 만드는 등 인간은 항상 행동하는 탐험가의 자세를 취했어요. 그렇게 시간이 지나면서 새로운 업적이 많이 쌓였어요. 탐험가인 호모 사피엔스는 널리 퍼져 나갔고, 가끔 생사가 걸린 치명적인 어려움을 마주쳤어요. 그래도 그들은 위험하다고 탐험을 멈추지 않았어요. 탐험을 계속하면 새로 정복한 땅에서 이득을 얻어, 잃어버린 것을 보상받을 기회가 있었거든요.

새로운 땅에서 호모 사피엔스는 다른 종과 충돌하고 대결했어요. 호모 사피엔스는 자기 능력으로 어려움을 이겨 내며 전 세계로 빠르게 퍼졌어요. 그들의 능력도 발전했어요. 서로의 사소통할 필요성이 생겨서 표현할 방법을 찾았고, 죽은 사람을 매장하는 인간적인 관행도 생겼어요. 그 외에도 이탈리아의 발카모니카 계곡 바위그림이나 프랑스의 라스코 동굴 벽화에서 보이듯, 몸짓과 생각과 일상생활의 두려움을 그림으로 표현하기 시작했어요. 자신들의 내면을 겉으로 표현한 첫 예술이었어요. 자연의 어려움과 다른 동물의 위협 등에서 살아남기 위해 본능적으로 하던 행동과는 다른 흔적이었어요. 인류의 초기 역사는 어려웠지만, 인간의 탁월함을 보여 주기에 충분했어요.

도시가 만들어지고, 왕국이 세워지고, 알렉산드로스 대왕이 등장하고, 로마 제국이 높은 수준의 발전을 이루며 역사가 계속되었어요. 알렉산드로스 대왕은 정복자인 동시에 다른 나라에 지식을 전하고, 새로운 지식을 흡수하는 문화 중개인이기도 했어요. 로마 제국은 공학의 힘으로 정복 전쟁과 권력을 뒷받침했어요. 또 그리스에서 전해진 수준 높은 문화가 뿌리를 내리고 발전했지요.

인간의 탐험은 1400년대와 1500년대에 새로운 도약을 이루었어요. 신중한 통치자들의 지원을 받은 용감한 항해가들이 새로운 땅과 부를 찾아 대양을 건넜어요. 얼마 뒤 인간은 시간의 흐름을 정리할 필요성을 느꼈어요. 그래서 교황 그레고리우스 13세가 달력을 사용하도록 정했어요. 그 달력에는 날짜와 연도가 정확하게 순서에 따라 적혀 있었어요. 우리 삶의 기초가 되는, 꼭 필요하고 효과적인 달력이었어요.

18세기에는 존 해리슨이 항해용 시계인 크로노미터를 발명했어요. 크로노미터는 아주 정확해서 항해의 기본 요소 중 하나로 정해졌지요. 항해가는 이것으로 경도를 측정했어요.

인간은 탐험을 멈추고 주어진 환경에서 성장과 안전을 추구하기 시작했어요. 그들은 태양과 행성의 움직임을 관찰하고, 자연의 순환과 비교했어요. 이것이 만 년 전 마지막 빙하기에서 벗어났을 때 시작된, 인류 발달의 두 번째 특징이에요. 농업은 어쩌다 우연히 시작된 게 아니에요. 인간은 사냥에만 의존하지 않고, 땅에서 곡식을 수확하는 능력을 갖추게 되었지요.

시간이 지나도 자연에서 벌어지는 일에 익숙해지는 건 불가능했어요. 그러다가 진보의 흐름이 가속화되는 시기가 왔어요. 로마 제국이나 중세 시대가 그랬어요. 마야 문명이 사라지고 로마 제국이 몰락한 일은 소빙하기의 영향을 받았어요. 로마 제국 멸망 당시 무엇보다 북아프리카의 곡물 창고가 파괴되었어요.

17세기에는 소빙하기로 인해 인간의 평균 수명이 줄어들고, 페스트(흑사병)가 유럽에 퍼져 백만 명 이상의 사람이 사망했어요. 국가 내 갈등으로 살기 힘들어진 많은 유럽인이 아메리카 대륙으로 이민 갔어요. 18세기에 온도가 더 낮아지자 농업 수확량이 줄어 사람들이 가난과 기근에 시달렸어요. 프랑스 혁명을 일으킨 사회 요인이었지요.

하지만 시간이 흐르면서 인간은 항상 탈출구를 찾아냈어요. 가장 비극적인 상황에서도 말이에요. 이는 진보와 성장을 위한 수단을 알아내고, 다시 회복하는 능력 덕분이에요.

17세기에 과학 혁명이 있었어요. 18세기에는 과학 발달이 엄청나게 빨라졌고 19세기에 위대한 기술력을 갖추었어요. 전기가 생기고, 교통수단이 발달하여 복지와 경제 성장을 이루었지요. 사회적인 면에서도 진보했어요. 예를 들어 노예 제도가 폐지되었지요.

20세기가 시작되면서 우리가 사는 이 행성에 가장 힘든 순간이 닥쳤어요. 두 차례의 세계 대전을 겪으며 정부와 국민과 모든 대륙이 혼란에 빠졌어요.

인간이 일으킨 두 번의 대재앙이 끝나고 새로운 시대가 이어졌어요. 놀라운 성과와 복잡한 사회적 도전을 특징으로 하는 시대였어요. 증기 기관을 주인공으로 내세운 18세기 산업 혁명 이후, 폭발적인 기술 혁신이 이루어졌어요.

빠른 교통수단(특히 대형 항공기) 덕분에 세계화가 이루어지고 경제가 풍족해졌어요. 그러나 나라 사이, 사회의 불평등이 더욱 커진 것도 사실이에요. 인구가 끊임없이 증가하면서 물과 자원의 부족이 문제가 되었어요. 인류는 긴급하게 다른 곳으로 이주해야 하는 상황에 내몰리고 있어요.

21세기에 인간은 다시 탐험에 열정을 태우고 있어요. 반세기 넘게 우주를 탐구한 결과 이제는 달을 정복하고 화성을 향해 도약하려는 새로운 탐험을 시작한 거예요. 머지않아 화성이라는 붉은 행성에서 인류가 영원히 살 수 있기를 상상하고 있지요.

21세기에 우리는 인간이 성장하면서 환경에 부정적인 영향을 끼쳤음을 확인하고 있어요. 우리는 갈수록 심각해지는 기후 변화의 위험을 줄이기 위해 최선을 다해야 해요.

조반니 카프라라

밀라노 공과대학에서 공학을 전공한 뒤, 과학 잡지 편집자 및 과학 칼럼니스트로 활동했어요.
1984년 『우주 비행』을 시작으로 30여 권의 책을 내어 세계에 이름을 알렸어요.
현재는 국제 우주 항공 아카데미의 역사위원회 위원으로 활동하고 있어요.